从卢瑟福谈原子核物理学

刘枫　主编

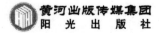
黄河出版传媒集团
阳 光 出 版 社

图书在版编目（CIP）数据

从卢瑟福谈原子核物理学 / 刘枫主编 .－－ 银川：
阳光出版社，2016.7（2022.05重印）
（站在巨人肩上）
ISBN 978-7-5525-2793-3

Ⅰ.①从… Ⅱ.①刘… Ⅲ.①卢瑟福，E.（1871-
1937）－生平事迹－青少年读物②核物理学－青少年读
物 Ⅳ.① K835.616.1-49 ② O571-49

中国版本图书馆 CIP 数据核字 (2016) 第 181706 号

站在巨人肩上　从卢瑟福谈原子核物理学　　刘枫　主编

责任编辑　陈建琼
封面设计　瑞知堂文化
责任印制　岳建宁

黄河出版传媒集团
阳　光　出　版　社　　出版发行

地　　　址　宁夏银川市北京东路139号出版大厦（750001）
网　　　址　http://www.ygchbs.com
网上书店　http://shop129132959.taobao.com
电子信箱　yangguangchubanshe@163.com
邮购电话　0951-5047283
经　　　销　全国新华书店
印刷装订　天津兴湘印务有限公司
印刷委托书号　（宁）0020167

开　　本　710 mm×1000 mm　1/16
印　　张　8.75
字　　数　140千字
版　　次　2016年7月第1版
印　　次　2022年5月第2次印刷
书　　号　ISBN 978-7-5525-2793-3
定　　价　35.80元

前　言

哲人培根说过:"读史使人睿智。"是的,历史蕴含着经验与真知。

科学的发展是一个漫长的过程,一代又一代的科学家曾为之不懈努力,这里面不仅有着艰辛的探索、曲折的经历和动人的故事,还有成功与失败、欢乐与悲伤,甚至还饱含着血和泪。其中蕴含的人文精神,堪称人类科技文明发展过程中最宝贵的财富。

本系列丛书共 30 本,每本以学科发展状况为主脉,穿插为此学科发展做出重大贡献的一些杰出科学家的动人事迹,旨在从文化角度阐述科学,突出其中的科学内核和人文理念,提升读者的科学素养。

为了使本系列丛书有一定的收藏性和视觉效果,书中还汇集了大量的珍贵图片,使昔日世界的重要场景尽呈读者眼前,向广大读者敬献一套图文并茂的科普读本。

由于编者水平有限,加之时间仓促,疏误之处在所难免,敬请广大读者批评指正。

编者

目　录

卢瑟福的自我介绍

一切科学要么是物理学，要么是集邮术。

——卢瑟福

名句箴言

自我介绍

我是卢瑟福，出生于 1871 年。生长在纳尔逊市附近的新西兰的一个村庄里，那里的田野非常广阔，闲时可以下水捕鱼，也可以上山打猎。虽然我的父亲是个农场主，由于家里人口很多，有 6 个兄弟和 5 个姐妹，使家庭的经济并不宽裕，我的童年过得相当快活。

幼年时期的我不是神童，而是一个普普通通的孩子。可是，自我 5 岁开始学校生活以后，便成了一个爱学习、不贪玩的孩子，我在学校里表现比较突出，不仅功课好，其他方面也相当杰出，我梦想有朝一日一定要成为科学家。有一次，我发明了一种可以

卢瑟福

发射"远射程炮弹"的玩具，并巧妙地设想出增加"炮击"距离的方法，从而显示出自己非凡的创造才能。

1886 年，我中学毕业，由于成绩优异，被推送到纳尔逊学院学习。在这里我开始对物理学产生浓厚兴趣，在物理课的课堂上非常专心听讲，常常提出问题，课余时也经常找老师讨论，甚至蹲在马路旁，拿着树枝在地面上一边计算一边和老师讨论。

由纳尔逊学院毕业后，我通过新西兰大学的奖学金考试，进入坎特伯雷学院就读。这也成为我未来登上科学高

峰的起点。如果我没有取得奖学金,就得回家帮助父亲种麻。父亲是个英国移民,没有多少文化,他倒是希望我回家,好多个帮手("天才的光辉是不易被遮掩的",尽管父亲少了一个帮手,可是科学王国却增添了新鲜血液。——编者注)。

在坎特伯雷学院,我遇到了比克顿和库克这两位好老师。比克顿老师不受传统观念的束缚,善于启发学生思考;而库克老师治学扎实,要求严格,他们对我都产生过积极的影响。

由于我的刻苦钻研,四年以后,我以数学、物理双第一的优异成绩获得硕士学位。但这些并不是我要满足的,所以我没有马上找工作,因为我对学习远比挣钱有兴趣,我打算在大学里再学一年,争取获得理科博士学位。

我选择的研究专题是"赫兹波",1888年,德国人赫兹发现了无线电波,但是只能发射而不能接收。后来,一位叫布兰利的科学家发明了"粉末检波器",在应用上却又不能令人满意,我决心以他们为突破口去改进它。然而,当时的坎特伯雷学院的科研条件是相当差的,理化两个系合用一座用木架和铁皮建成的楼房,实验室仪器、药品都很奇缺。困难并没有使我就此止步,我知道在登上科学的高峰之前,会遇到比这更多的困难。于是自己动手,在一间破旧透风的小破棚里安装了一部赫兹发生器。我又买回一些廉价的简单器件,利用交流电使钢针迅速磁化和去磁。还制成了一个比"粉末检波器"更为灵敏的高效检波器。1894年,我发表论文"用高频放电法使铁磁化",并很快引起了国内外科学界的重视并顺利地获得了理科博士学位。

我没有沉醉在胜利的果实里,而是进一步改进了检波器,并使用新的检波器,能从室外检测到20米远处发射的电波,这是飞越新西兰上空的第一份无线电报。

此时此刻,我的求知欲异常旺盛,我贪婪地学习,如同鳄鱼大口吞食一般。我对科学无比热爱,学习时特别专心,即便是在无比嘈杂的环境中,也不能阻止我专心致志地读书。朋友们说我学习太专著了,即使在看书时,有人拿书本敲我的脑袋,我也感觉不到。当然,这都是朋友们对我的恭维。

1895年,24岁的我经过考试,获得了去英国剑桥大学留学的奖学金。于是,我便搭上轮船前往英国,踏上了通往原子秘宫的征程。

我在剑桥大学三一学院的表现非常卓越,学习努力,工作踏实,思维敏锐,有所创见。两年后,被保荐到世界闻名的卡文迪许实验室当研究人员。

卡文迪许实验室网罗了英国及全世界的杰出物理学者,实验室主任是著名物理学家约瑟夫·约翰·汤姆逊爵士。由于这个实验室人才济济,刚开始我并没有受到注意,但是,不久,我踏实的研究态度、精辟的见解,受到大家的重视。身为实验室主任的汤姆逊,更注意到我的深厚实力,在他看来,"这个南半球来的小伙子,将来一定会在物理学界大放光彩!"

当时,汤姆逊计划进行 X 光对气体放电影响的研究时,在所有的学员中,他认为我是此实验的最佳人选,于是,这个难题就落到了我的身上,和汤姆逊爵士一起实验使我在物理学的研究上再一次升华。经过实验我得到一个结论:"研究气体放电时,利用 X 光更容易看出放电的情形。"汤姆逊和我利用这一特性,进一步研究,一一解开了气体放电的奥秘。

后来,我又用 X 光照射铀,发现铀也能产生放电现象,我想铀和气体放电之间是否也具有某些共同性质呢?于是便着手研究铀的放射性,在研究过程中发现,铀含有 α 射线和 β 射线。经过无数次地反复实验,我还发现 α 射线受磁力影响而改变运动方向的弯曲程度,比 β 射线的小,因而我推论道:"α 射线的粒子应该比 β 射线的粒子重。"

放射线已经完全吸引我不彻底揭开放射线的神秘面纱,是不会善罢甘休的。我实验着,苦苦思索着……

当时,加拿大麦克吉尔大学正在物色一位物理学教授,请汤姆逊推荐适当人选。汤姆逊大力推荐我前往,这时的我已经 27 岁了。虽然我舍不得离开卡文迪许实验室,更不愿意离开汤姆逊教授,但是这是汤姆逊教授对我的信任,所以我依依惜别了英国剑桥大学,来到加拿大麦克吉尔大学接受新职——物理学教授。

我在麦克吉尔大学积极地推动研究工作,大大地提高了物理学的研究风气,受到全校师生的爱戴。在这里我组织成立了一个研究小组,开展放射性研究。在研究中,我们发现钍会产生一种具有放射性的物质,它能诱导附近的物质产生微弱的放射性。另外,我们还从铀中提炼出一种新物质,这种新物质和铀的化学性质完全不同,它在铀中的含量很少,但是放射性却比铀来得强。我在想,是不是因为释出放射线的关系,才会使一种元素转变成另一种元素?

大家都知道,物质都是由原子所构成的,而原子的种类和元素的数目是一样的。那时,人们根本没有想过元素会改变的问题,大家都十分相信原子是构成物质的最小单位,绝对不能再细分,更不用说会变成其他原子了。直到 19 世纪末,英国物理学家汤姆逊爵士发现了原子中的电子后,他认为原子像个葡萄干面包,面包的部分是带正电的粒子,分散在面包上的葡萄干就是带负电的粒子——电子。这就从科学上证明了原子的可分性,原子不是构成物质的最小单位。在这基础上,我大胆假设:"如果一种原子会转变成另一种原子,那不就表示原子并不是构成物质的最小单位了吗?"

　　我根据这个假设深入研究。首先，我制作了一部 α 射线的侦测仪器，透过这种仪器，用肉眼就可以观测到 α 粒子撞击时发出的微弱闪光。我率领研究小组经过无数次的实验后，最后证实，具有放射性的元素释出放射线时，的确可以蜕变成不同的元素，从而创立了放射性衰变的理论。

　　1907 年，我重返英国，成为曼彻斯特大学的物理学教授。1919 年成为剑桥大学实验物理学教授，并担任了卡文迪许实验室主任。1925 年，我当选为英国皇家学会主席。

　　早在麦克吉尔大学，我就发现了镭的放射现象，提出 α 粒子就是氦原子核的假说。在曼彻斯特大学我又开始进一步证明氦是在镭的放射性衰变时形成的。就这样，我一步步地走进了原子的神秘世界。

　　有一天，我同年轻的助教罗兹一起进行证明 α 粒子与氦的相同性的实验，实验得出结论——氦确实是从镭里产生的，而且 α 粒子的质量同氦原子的质量完全相同，我无比激动……

　　就在这时，收发室的通信员闯了进来。

　　"教授先生，从瑞典寄来的邮件。"通信员把一封信和一份电报递给我。

　　"从瑞典来的?"我吃惊地问道。我的目光很快地把电报译文看了一遍，脸上顿时放出了光彩，我把电报递给了助手。

　　"授予诺贝尔奖的通知!"罗兹叫了起来，"衷心地祝贺您，教授先生!"

"祝贺您,祝贺您!"听到罗兹的喊声,助教盖格和马斯顿等都纷纷走到我的面前祝贺。

同事们热爱我,他们以喜悦的心情迎接这份对我劳动的高度评价。

"谢谢大家,先生们……"我回答着,把信拆开看了之后,我突然大笑起来。

"太好了,太妙了!"我挥动着那封信喊了起来……

"这是我一生之中绝妙的一次玩笑!"

助教们吃惊地看着他们的教授,"他在瑞典科学院的这封信里发现了什么可笑的事情了呢?"

"太妙了!"我擦着眼泪,重复地说道,"他们把我变成化学家了。"

"化学家?"

"对,不折不扣的化学家,我是由于化学方面的工作而获得诺贝尔奖的。"

马斯顿大声地念着信和电报的内容,瑞典科学院用恭敬的言辞通知我荣获诺贝尔化学奖。

"真是的。"盖格喊道,"毫无办法,我们应该对现实妥协,看来,我们不是在物理实验室里工作,而是在化学实验室里……"

是的,我们的工作既是物理学的领域,也是化学的领域。

　　我与盖格、马斯顿，以 α 射线照射很薄的金属箔，测量由金属箔反弹回来的 α 粒子数目。实验结果，大部分的 α 粒子都透过金属箔，只有少数粒子反弹回来。

　　"照理说，金属箔是由原子聚密排列而成的，应该不易被 α 粒子穿透才对啊！"我反复思索、实验，最后终于找到了原因：原子是由带正电的原子核与带负电的电子所组成，原子核几乎构成了原子的总重量，电子围绕着原子核旋转，就像行星绕着太阳转一样。各种元素中电子的数量不同，同时原子核的电量等于电子电量的总和，由此导致了原子成为中性的整体。

　　这一结论发表后，立刻震撼了整个科学界，引起了强烈的反响。接着，我又进一步研究 α 粒子撞击气体原子的情形，发现 α 粒子撞击气体原子时，气体原子射出的放射线比反弹回来的粒子更具穿透金属膜的力量。为了解开这谜，我不断实验，而获得了一个惊人的发现——氮受 α 粒子撞击，会放射出氢原子，而变成氧原子，成功地得到了元素的人工嬗变，其实这个发现就是原子核的蜕变，使原子核物理学进入了一个新的阶段。在卡文迪许实验室里我达到了科学活动的顶峰。这时，我科学地预言了"中子"的存在，1932 年被查德威克的发现所证实。

　　我以大量的著作发表了自己的科学研究成果。许多科学院都选我作为自己的成员。1931 年，由于我在科学发展上所建树的功绩，受封骑士称号，并享有纳尔逊勋爵的爵位。

20世纪初期,有一天,在英国伦敦的特腊法尔加广场上,有两位先生偶然相遇,于是便谈论起来。其中一个人大约30多岁、宽肩膀、身体匀称,看上去像是一个生活优裕的农场主;另一位是个年轻人,从他那刮得干干净净的圆脸蛋儿可以看出,他像是个性情温厚的人,虽然那双炯炯有神的眼睛里放出的目光如同刀锋一般锐利。他们边走边谈……

一会儿,他们经过纳尔逊纪念碑,来到附近的一家咖啡馆里坐下,始终没有停止谈话。

"目前,我遇到了严重的困难。"那个年轻人继续说道,"我对我使用的镭制剂的纯度没有信心。"

"为什么呢?"同他谈话的另一个人诧异地问道,"您怎么会产生这种怀疑呢?"

"我发现里面掺有氦的成分。它的根源可能是其中含有杂质或者是镭的放射性衰变。"

"您认为可能是α粒子?"

"是的,但我什么也证明不出来,因为我对制剂的纯度没有信心。"

"我这儿倒有新制成的,而且是绝对纯的镭的溴化物。如果这对您合适的话,我可以借给您用。"

"那我太感谢您啦……"

在他们旁边坐着一个年轻人,全神贯注地听着他们的谈话,那些类似镭制剂、氡、镭的溴化物等名词使他产生了浓厚的兴趣。

这两位谈论科学前沿的先生是何许人物?要是对他们进行采访的话,可能是一次走运的机会吧?史密特先生是个初出茅庐的记者,凡是在他所能到的地方,都在搜集着报道的题材,遗憾的是他没有取得特殊的成就。他一直向往着能从事专门的科学报道工作,但是,怎样才能从科学家那里获得采访内容呢?他们之中很少有人愿意抽时间和记者们谈话,大概,现在他可以探听到点什么了!

史密特将服务员唤过来。

"这两位先生是谁?"他问道。

"这位年轻的是索弟,拉姆赛教授的助手,他常光顾这里。"服务员回答说,"而那位……"她耸了耸肩,"是个乡下佬。"

"乡下佬?"

"是的,他昨天就在这儿吃过饭,我听到他和这儿的一个人在讨论新西兰的土地耕作问题,他可能是个农场主。"

听了这番话后,史密特的好奇心顿时变得更加强烈了。他拿起报纸把自己的脸挡住,又开始听着谈话。

"卢瑟福先生,我真想再回到您那里当助手。"

卢瑟福?报纸从记者手中掉了下来。原来,这位就是大名鼎鼎的卢瑟福教授,刚刚成为皇家学会会员的那个人!兴奋的史密特先生鞠着躬向卢瑟福的座位靠了过来,进行了全面的采访……因而使他在新闻界出了名。

卢瑟福对科学的重要贡献主要有三方面。

第一方面是关于放射性的研究卢瑟福发现了铀放射性辐射的不同成分的 α 辐射和 β 辐射。1900 年提出了重元素自发衰变理论,并于 1904 年总结出放射性产物链式衰变理论,奠定了重元素放射系元素移位的基本原理。使人们对物质结构的研究进入了原子内部的深层次,为原子核物理做了开创性工作。由于他"在元素蜕变及其放射化学方面的研究"而荣获 1908 年度诺贝尔化学奖。

第二方面是 1911 年提出了原子的有核结构模型。1908 年卢瑟福通过 α 粒子被物质散射的研究,从理论和实验验证上无可辩驳地论证了原子的有核结构模型,从而把原子结构的研究引向正确的轨道。因此,他被誉为"原子物理学之父"。

第三方面是 1919 年发现人工核反应的实现。1915年,他的学生马斯登发现用 α 粒子轰击空气时出现一些粒子,它们具有不寻常的长射程。卢瑟福决心利用业余时间长期而耐心地搞清楚这些粒子到底是 N、He、还是 H 原子、Li 原子。为了使他的结果绝对可靠,花了 3 年时间于 1919 年证明:这是 α 粒子轰击 N 之后使之衰变放出了氢原子核即质 $_7N^{14} + _2He^4 \longrightarrow _8O^{17} + _1H^1$:这一装置的成本极为低廉,但用显微镜观察屏上闪烁的工作极为艰苦!这一实验的成功引起了一场热烈争论,最后以云室照片证明了卢瑟福的正确而告终。这标志着人类第一次实现了改变化学元素的人工核反应。

在 20 世纪初叶物理学革命迅速发展时期,为什么卢瑟福能取得其他人难以取得的一连串巨大成功,成为第一个深入原子宇宙的成功探索者?大体可以从以下几方面来考察:

(1)抓住关键问题扎扎实实地进行一系列准确而简单的实验。卢瑟福利用 α 粒子其巨大的能量与动量作为"炮弹"去轰击原子和原子核,揭开原子组成与变化的奥秘。在 1905 年诺贝尔化学奖受奖演说中,他描述了他和创新地长时间利用低倍显微镜在暗室中"枯燥地"计数 α 粒子击中硫化锌屏上的闪烁次数,并与其他方法比较。结果使最顽固的怀疑者不得不心悦诚服。这样的工作精神也导致大角度散射即原子有核结构的发现。正是在这些目的明确、烦琐、单调的常规工作中,实验者的耐心和毅力导致了辉煌的成就。

(2)理论与实验的紧密结合。卢瑟福在 1929 年皇家学会曾以"理论与实验"为题说过:"每一个新的实验观察立即被抓住,以检验它是否能被现有的理论所解释。如果不能,就要寻求理论图式中的改正……过去十年中物理学明显地迅速发展,主要是由于理论与实验的密切结合"。卢瑟福的 α 粒子散射公式的推导及有核模型的提出,就是一个光辉例证。

(3)特殊的勤奋、敏锐的洞察力和丰富的伪科学直觉。他能在最易于被人们忽视的新一现象出现时洞穿它的本质,分辨某些假说的正误。例如,α 粒子大角度散射现象出现未引起其学生足够的注意时,他就意识到原子内部可能存在造成这种现象的核。马斯登偶然发现 α 粒子轰击氢原子产生类氢光谱的带正电粒子,他意识到这可能是从氢原子内打出的氢核等等。卢瑟福惊人的工作毅力与极度勤奋,从他几十年200多篇论文和3本专著中可以看出。他的学生卡皮查回忆说:"卢瑟福无休止地工作,总是在研究新的课题——他发表的只是占他工作的百分之几,其余的有的甚至他的学生也不知道。"天才来源于勤奋,卢瑟福也证明了这一点。

(4)卢瑟福善于识别、选择和培养人才,并能团结一大批卓越的物理、化学和技术人才一起工作,他平易近人,知人善任,热情关怀,精心培育。在汤姆逊和他两代领导下,卡文迪许实验室英杰辈出,成为世界物理学研究的重要中心之一。这是他对科学事业的又一项贡献。他的学生在剑桥皇家学会蒙得实验室的大门右侧墙上,刻了一条鳄鱼(这是卢瑟福的绰号),以此来赞誉他勇往直前的坚毅性格和勉励来者。

1937年10月19日,这位伟大的科学家在英国剑桥大学去世,人们将他安葬于牛顿、达尔文和法拉第的墓地之侧。

人们在提到卢瑟福的时候,不仅推崇他在科学研究方面取得的突出成就,更推崇他在培养人才方面所做出的卓越贡献。他领导的科研集体,被人们亲切地称为"科学天才的幼儿园"。

通过这个"幼儿园",他培养了两代世界第一流的物理学家、化学家。在科学前进的道路上立下一块又一块不朽的丰碑。

1921年,他的助手索迪,因发现放射性同位素,获得诺贝尔化学奖;

1922年,他的学生玻尔,因发展了原子结构模型,获得诺贝尔物理学奖;

1922年,他的学生阿斯顿,因发明质谱仪,获得诺贝尔化学奖;

1927年,他的助手威尔逊,因发明云雾室,获得诺贝尔物理学奖;

1935年,他的学生查德威克,因发现中子,获得诺贝尔物理学奖;

1944年,他的学生哈恩,因发现铀核裂变,获得诺贝尔物理学奖;

1978年,他的学生和助手卡皮查,由于在低温物理学中的基本发明和发现,分享了诺贝尔物理学奖。

原核物理的
子物理学奠基者

自豪是允许的，但不能自高自大。

——伦琴

名句箴言

玻璃器皿的贡品
——伦琴发现X射线

这是一个围绕着玻璃器皿而发生的故事。

从人类早期探究电的奥秘时起，就与玻璃棒结下了不解之缘。电分为两大类，其中一类叫作"玻璃电"，即正电。赫赫有名的莱顿瓶其实质就是盛水的粗口玻璃瓶。随着玻璃器皿制作工艺的进步，玻璃工匠们可以制作各种各样的玻璃器皿,促进了人类对自然现象的认识。

早在 18 世纪上半叶,德国莱比锡学者约翰·海因里希·文克勒和其他研究者,用一架起电机,使抽去部分空气的玻璃瓶内部产生了辉光。他们记录下了这种发电现象,但没有予以深究。1836 年,伟大的法拉第也注意到低压气体中的放电现象。他曾经想试验真空放电,但是,因为缺乏获得高真空的技术方法和手段而未能如愿。不久,德国波恩大学教授尤利乌斯·普吕克尔,提出了这样问题:当电在不同气压下通过空气和气体时,会发生什么现象呢?为了得出这一问题的正确答案,普吕克尔需要一些有关的试验设备和装置,首先需要玻璃管,并且在管的两端封入装上输入电流用的金属体,其次需要能把玻璃管内的压力减少到最低值的抽气泵。

普吕克尔找到波恩一个制作物理和化学仪器的作坊,他向作坊主说明了来意。

"盖斯勒,请过来一下,来见见普吕克尔先生!"作坊主喊过来一位中年技工。

"这位是敝店技艺最高的玻璃工,请你们先谈一谈技术细节,然后再签订订货协议。"作坊主又去忙别的事务了。

"我想订制一种两端封有金属电极,并且内部气体稀薄的玻璃管,你看不难办到吧?"普吕克尔谈了玻璃管规格、尺寸。

"封入金属电极不难,抽去空气也不难,不知你抽去空气达到什么程度？盖斯勒胸有成竹地回答他。

"这……当然是把管内的压力减小到最低值,最好是真空。真空,你懂吗？"

盖斯勒点了点头。盖斯勒不是一般的玻璃工匠,他从小学艺,当吹玻璃工以后,一直坚持夜校学习,掌握了科学常识,平时还爱发明些小玩意。

1850年,盖斯勒成功创制了稀薄气体放电用玻璃管,普吕克尔用它实现了低压放电发光。普吕克尔十分高兴地邀请盖斯勒参观他的实验。这时,普吕克尔和盖斯勒已经成为好朋友。细心的盖斯勒发现抽空的玻璃管放电发光的亮度不同,是与玻璃管抽成真空的程度有关系。

普吕克尔诚恳地对盖斯勒说："要有真正的抽气机能够造成真空那该多好啊！多少物理学家期待着研究真空现象,没有真空抽气泵不行啊。"

言者有心,听者更有意。盖斯勒早就对传统的机械式抽气泵和流水式抽气泵不满意了。普吕克尔的一席话,使他下决心改造传统抽气泵,研制新的抽气泵。

一天,盖斯勒翻阅有关托里拆利用水银代替水,形成"托里拆利真空"的科学资料,读后极受启发。他想,流水式抽气泵改用流汞效果不是更好吗。盖斯勒不是那种想干什么就干什么的急性子,总要深思熟虑以后才肯动手。他首先找来有关抽气机的全部资料,然后翻阅大量关于水银的资料。他最后决定利用水银比水重 13 倍的比重差,来提高流水式抽气泵的性能。

不久,盖斯勒研制成功一种简单、可靠、实用的水银泵,用它几乎可以全部抽掉玻璃管中的空气。用水银泵抽成真空的低压放电管,使普吕克尔完成了对低压放电的研究。后人为了纪念这位吹玻璃工人,将低压放电管称为"盖斯勒管"。现代发光文字和霓虹灯广告就是以盖斯勒管为基础发展起来的。

普吕克尔利用盖斯勒管进行了一系列的低压放电实验,发现了阴极射线。他为盖斯勒管阴极管壁上出现的美丽绿色辉光所倾倒,加之盖斯勒的友谊,使他转向了研究盖斯勒管本身。

1868 年,普吕克尔去世。他没有能够把实验进行到底,普吕克尔的学生接过了老师的工作。学生的名字叫约翰·希托夫。英国物理学家威廉·克鲁克斯也站到了继承普吕克尔事业的行列中。

希托夫和克鲁克斯两人的工作,主要是使盖斯勒管达到更高的真空度。他们分别独立地运用水银泵制成高真空放电管,后来人们称其为"希托夫－克鲁克斯管"。

希托夫研究了高真空放电产生射线的主要性质。"克鲁克斯管"的真空度高,放电时没有辉光。在管中,从阴极发射出的一种射线碰到玻璃管壁或者硫化锌等物质,会发出荧光。这种发光现象被称作"冷光"现象。这种从阴极发射出的能产生荧光的射线,被物理学家正式命名为"阴极射线"。

当这一研究成果公布以后,引起了整个物理学界的极大兴趣。"希托夫—克鲁克斯管"的出现,使科学家更方便、更深入地研究起阴极射线来了。

人们发现了阴极射线的一系列物理现象。正是由于"阴极射线"的发现,才导致了 X 射线、放射性和电子等一系列重要的发现。在研究阴极射线的人群中,德国物理学家威尔海姆·伦琴很快脱颖而出了。

伦琴,1845 年 3 月 27 日生于德国普鲁士鲁尔地区的一个小镇——莱尼斯。他先后曾在 3 个国家的好几所大学里就读,后来从师库恩德门下。库恩德是著名的物理学家,伦琴随老师回到德国后,先后在国内六七所大学任教。从 1888 年起,他担任巴伐利亚州维尔茨堡大学物理研究所所长。在这个研究所工作期间,他发现了具有穿透力极强的 X 射线,从而名扬天下。

伦琴发现 X 射线以前,已经有一些人观察到这一现象,只不过没有引起足够的重视罢了。克鲁克斯曾多次发现放在阴极射线管附近的照相底片会感光,但是他只认为是偶然现象,没有给予重视。

克鲁克斯时代,照相术兴起时间不长,底片质量不佳,也就怪不得克鲁克斯的粗心。因为很多物理学家都碰到过这种现象,有人还把实验室照相底片异常感光叫作"走光"。不管怎么说,他们没有追究"走光"。

伦琴细心,独具慧眼,所以成了发现 X 射线的幸运者。

自从担任维尔茨堡大学物理所所长以后,他一直研究阴极射线。由于克鲁克斯管的高真空度,低压放电时没有辉光产生,那么随之而来的检测阴极射线是否存在的问题就被提出来了。1894 年,一位德国物理学家进行了"克鲁克斯管"实验。他把阴极射线碰到管壁放出辉光的地方,用一块薄铝片代替原来的玻璃。结果,阴极射线管中发射出来的射线,穿透了薄铝片射到外边来了。这位物理学家用铂氰化钡(一种荧光物质)涂在玻璃板上,创造出了能够探测阴极射线的荧光板。当阴极射线碰到荧光板上时,荧光板就会在黑暗中放出耀眼的光亮。

伦琴在重复上述实验时,发现了奇迹。他为了防止荧光板受偶尔出现的管内闪光的影响,用一张包裹相纸的黑纸,把管子包得严严实实。在黑暗中,伦琴打开阴极射线管的电源。当他把荧光板靠近阴极射线管上的铝片洞口时,顿时荧光板亮了。距离稍远一点,荧光板又不亮了。

结果,伦琴从中发现了阴极射线的一些新性质。原来,射出的阴极射线,只能在空气中跑很短距离,距离一远,就被空气吸收了。同时，伦琴看到，阴极射线只能穿过薄铝片，而不能穿过玻璃。

为了进行验证实验，伦琴把一个完整的梨形阴极射线管包裹好，打开开关，顿时出现了奇异的现象：尽管阴极射线管一点亮光也不露，但是放在远处的荧光板竟然亮了起来。伦琴十分惊奇，顺手拿起闪闪发亮的荧光板，一个完整手骨的影子突然魔术般地出现在荧光板上。伦琴额头上冷汗顿出，一时弄不清自己是在做实验，还是出现了幻觉。伦琴当然不会放过这个稍纵

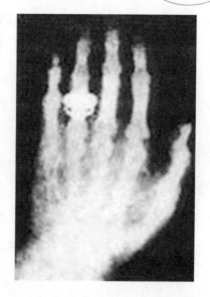

1896 年伦琴首次拍摄到他妻子手的 X 线照片，其无名指上戴着一枚戒指。

即逝的奇特发现，他立即开亮电灯，仔细检查后，又重新做起实验。奇妙的光线又被荧光板捕捉到了，他把手放到阴极射线管和荧光板之间，完整的手骨影子又出现在荧光板上。这是事实，从未见报道过的事实。伦琴激动得要晕过去了。他觉得身体软软的，已经不能再继续工作了。因为他过于兴奋了……

第二天，伦琴结束重复验证无误的实验之后，集中精力

思考了这一新发现的事实。伦琴想，它肯定不是阴极射线，因为它能穿透玻璃、遮光的黑纸和人的手掌，其能量是很大的。阴极射线不可能穿透玻璃。

为了验证它还能穿透哪些物质，伦琴几乎把手边能拿到的东西都拿来了做实验。他用木头、橡胶皮、厚纸板、金属片……一件件地依次放在射线管与荧光板之间，这种未知的神奇光线全把它们穿透了。最后，铅挡住了它的进攻，神奇的光停住了。伦琴还发现这种射线能使包在黑纸中的照相底片感光。

伦琴对神奇的光产生的现象了解得越来越多，但是对它产生的原因、性质又如何却知道得很少。伦琴感到这种神奇的射线对人类是一个未知领域，为了吸引更多的人们研究它，伦琴将他发现的神奇射线命名为"X射线"。

1895 年 12 月 28 日，伦琴宣布了自己的发现和研究成果，并且出示了用 X 射线照出的手骨照片。

整个科学界为之震惊。随着莫尔斯电码的滴答声，伦琴的名字传遍了全世界。人们纷纷拿出实验室里的"希托夫－克鲁克斯管"，寻找 X 射线。"有了"，"发现了"，"成功了"。他们也分享了伦琴发现 X 射线时的欢乐。就在伦琴宣布发现 X 射线的第四天，一位美国医生就用 X 射线照相发现了伤员脚上的子弹。于是 X 射线成了神奇的医疗手段。

君子在下位则多谤，在上位则多誉；小人在下位则多誉，在上位则多谤。

——柳宗元

名句箴言

射线溯源——贝克勒尔发现放射性

从1895年到1896年，人们沉浸在"X射线热"之中。人们都按照自己的理解去对待X射线，因为它是未知的嘛！X射线是怎样产生出来的呢？谁也不能给出明确的结论。

绝大多数人都认为，不管X射线是怎样产生的，肯定与荧光物质有关。这也难怪，因为人们对X射线产生中的荧光板作用印象太深了。

1896年1月，冒着寒风挤在参观X射线照片展览人群中的一位中年人，深深为伦琴的发现所激动。4年前他就研究发光现象，他在心里对自己说，"X射线和荧光绝对有关系，这是天赐良机，让我来解决这一问题吧！"

这位中年人就是法国物理学家昂利·贝克勒尔。如果说，德国伦琴在演奏19世纪末物理大发现乐章的序曲，那么，贝克勒尔肯定要演奏主旋律了。

贝克勒尔家族一直在研究荧光、磷光等发光现象。昂利的父亲对荧光的研究堪称第一流的水平，他提出了铀化合物发生荧光的详细机制。昂利自幼喜爱物理学，为了赶超祖父、爸爸，他不知偷偷下了多少工夫。而今他作为法国自然历史博物馆的物理学研究员，应该获得像伦琴那样的荣誉。

贝克勒尔

为了证实X射线与荧光的关系，他从父亲那里找来荧光物质铀盐，立即投入实验。他很想知道铀盐的荧光辐射中是否含有 X 射线,他把这种铀盐放在用黑纸密封的照相底片上。昂利从小就看见爸爸用阳光中的紫外线激发荧光物质,进而获得荧光。他想,黑色密封纸可以避阳光,不会使底片感光,如果太阳光激发出的荧光中含有 X 射线,就会穿透黑纸使照相底片感光。伦琴发现的 X 射线在这一点上屡试不爽,密封底片若能感光就成功了。

1896 年 2 月,贝克勒尔把铀盐和密封的感光底片,放在太阳光下一连照射了几个小时。晚上,当贝克勒尔从暗室中冲出来的时候,他激动得快要疯了。铀盐使底片感了光!重复的实验也证实了以往的设想。为了稳妥起见,贝克勒尔又用金属片放在密封感光底片和铀盐之间,X 射线是可以穿透它们使底片感光的。如果不能穿透金属片就不是 X 射线。这样做了以后,他发现底片感光了,X 射线穿透了他放置的铝片和铜片。

这似乎更加证明,铀盐这种荧光物质在照射阳光之后,除了发出荧光,也发出了 X 射线。

贝克勒尔开始撰写研究报告了。

科学实验会骗人吗?不会。但是,事实上贝克勒尔的感光实验确实和他开了一个天大的玩笑。贝克勒尔的研究报告的结论当然是不正确的,不久,他自己的一次偶然发现,推翻了他自己的结论。

二月里的巴黎,天气像个顽皮的小孩子,说变就变。几天来一直阴天,太阳像个害羞的新娘,躲在云层里不出来。没办法,贝克勒尔只好把准备好的实验用品放在桌子的抽屉里。一连几天,太阳还没有出来。可是,底片冲洗出来时却是感了光的。

铀盐不经过太阳光照射,也能使底片感光。善于留心实验细节的贝克勒尔一下子抓住了问题的症结。贝克勒尔慎重地又重新做了实验,一切和以前一样,只是不再让铀盐和底片暴晒了,冲洗感光片结果表明铀盐不需要阳光照射也能使底片感光。

从此,贝克勒尔开始怀疑他已拟就报告的结论了,他决心一切推倒重来,不过,这次他又增加了几种荧光物质,实验结果很快出来了。其他荧光物质不论是否用阳光照射,都不能使感光底片感光,而铀盐不论是否用阳光照射,都能使感光底片感光。

问题再明显不过了,贝克勒尔进行的实验说明,底片感光不是荧光物质发射 X 射线的结果,而是一种新的射线作怪,是它使底片感光,这种射线源就是铀盐。

此后,贝克勒尔便把研究重心转移到研究含铀物质上面来了,他发现所有含铀的物质都能发射出一种神秘的射线,他把这种射线叫作"铀射线"。贝克勒尔的发现吸引了他的同伴,他们也和贝克勒尔一样投入了研究。

贝克勒尔的发现,使旅居在法国巴黎的波兰女科学家居里夫人挺身而起,冲向深入研究铀矿石的最前沿。不久,皮埃尔·居里也参加到妻子的行列。他们经过千辛万苦,相继提炼出钋、镭等放射性元素,引起全世界的高度重视。

X射线的发现,把人们引向了一个完全陌生的王国——微观世界。放射性的发现,直接地揭开了原子的秘密,为深入到原子内部的科学研究,提供了线索,打通了航道……

名句箴言

你若要喜爱你自己的价值，你就得给世界创造价值。

——歌德

摇篮旁边的发现
——居里夫人与镭

1898 年 2 月 6 日，法国，气温 6.25℃。

这是室外的温度吗？不是，这是法国巴黎理化学校一个实验室的气温记录。

位于罗蒙德大街和娄西埃路交会处的巴黎理化学校主楼，是一座中三侧二、水泥墙面的灰色建筑。主楼后面是一个四面漏风的玻璃工作室。这间棚屋原来是一个贮藏室和机器房，很闭塞，潮湿得直冒水，即使白天也得点着灯才能进行工作。正是在这间寒冷潮湿的小工作室里，伟大的居里夫人发现了放射性元素——镭。

被誉为"镭的母亲"的居里夫人于 1867 年 11 月 7 日诞生于波兰首都华沙。父亲是华沙高等学校的物理学教授，母亲是闻名遐迩的钢琴家。玛丽娅具有父亲那样的智慧和母亲那样的巧手，她从小就对科学实验发生了兴趣，中学毕业后，她曾给人当家庭教师。1891 年，她到巴黎继续深造，获得了两个硕士学位。学业完成后，她本打算返回祖国为受奴役的波兰人民服务。但是，同法国年轻物理学家皮埃尔·居里的相识，改变了她的计划，1895 年，她与皮埃尔结婚，1897 年生了一个女儿，一个未来的诺贝尔奖金获得者。

居里夫人在抚育女儿的业余时间，翻阅了刚刚送到的试验研究报告，注意到法国物理学家贝克勒尔的研究工作。自从伦琴发现 X 射线之后，贝克勒尔在检查一种稀有矿物质"铀盐"时，又发现了一种"铀射线"，朋友们都叫它"贝克勒尔射线"。事实上，贝克勒尔发现的是后来玛丽·居里夫人命名的放射性现象，不过在当时这种"贝克勒尔射线"的来源，还是一个谜。

引起了居里夫妇的极大兴趣是贝克勒尔发现的射线，当她看完试验研究报告后，她想，射线放射出来的力量是从哪里来的？这种放射的性质是什么？这是一个绝好的研究题目,如果能够取得成果,那会是一篇绝好的博士论文。居里夫人看到当时欧洲所有的实验室还没有人对铀射线作过深刻研究,于是决心闯进这个领域。

经过皮埃尔多次向理化学校校长请求,才允许居里夫人使用那间潮湿的小屋作理化实验。在6℃的室温里,居里夫人研究了各种铀盐矿石,她被铀盐矿石神奇的射线所吸引,她完全投入到铀盐的研究中去了。

居里夫人受过严格的高等化学教育,她在研究铀盐矿石时想到,没有什么理由可以证明铀是唯一能发射射线的化学元素,为什么别的元素不能有同样的力量呢?她根据门捷列夫的元素周期律排列的元素,逐一进行测定,结果很快发现另外一种钍元素的化合物,也自动发出射线,与铀射线相似,强度也相像。居里夫人认识到,这种现象绝不只是铀的特性,必须给它一个新名称。居里夫人提议叫它"放射性"。铀、钍等有这种特殊"放射"功能的物质,叫作"放射性元素"。

一天,居里夫人帮助理化学校装卸采集的各种矿物,她忽然想到应该测量这些矿物是否有放射性。在皮埃尔的帮助下,她连续几十天测定能够收集到的所有矿物。在测量中她有一个戏剧性的发现,她发现一种来自捷克斯洛伐克的沥青铀矿放射性强度比预计的强度大得难以想象。

居里夫人想："这一定是试验错了……"学者们对于出乎意料的现象的第一个反应，总是怀疑。

经过仔细的研究，居里夫人不得不承认，用这些沥青铀矿中铀和钍的含量，决不能解释她观察到的放射性的强度。

这种反常的而且过度的放射性是哪里来的？只能有一种解释：这些沥青矿物中含有一种少量的比铀和钍的放射性作用强得多的新元素。

但是，这是什么元素呢？居里夫人在以前所作的试验中，已经检查过当时所有已知的元素了。

居里夫人意识到，这是一种人类还不知道的新元素。她要找到它！

1898 年 4 月 12 日，法国巴黎理科博士学院发表的报告中写道："玛丽·斯可罗多夫斯卡·居里宣布在沥青铀矿中大约有一种新物质，具有比以往更强的放射性……这种铀矿比纯铀的放射性强得多。这种事实急需注意。它使人相信，这些矿物中含有一种比铀的放射性强得多的元素。"

这是镭的发现的第一阶段。

居里夫人的发现吸引了皮埃尔的注意，居里夫妇一起向未知元素进军。在潮湿的工作室里，有了两个头脑，四只手，共同寻找这种未被人知的新元素，经过居里夫妇的合力攻关，1898 年 7 月，他们宣布发现了这种新元素。它比纯铀放射性要强 400 倍。为了纪念居里夫人的祖国——波兰，新元素被命名为钋（波兰的意思）。

居里夫人虽然身居法国，但她的心一直热爱着自己的祖国。她的有关新元素钋的论文"论沥青铀矿中所含的有放射性的新物质"还未发表，她就已经把原稿寄回波兰一份，交给她从前作初步试验的实业博物馆实验室主任约瑟·柏古斯基。于是这篇轰动科学界的论文，差不多同时在巴黎和华沙发表，为波兰当时这个欧洲的弱小国家争得了荣誉。

1898年12月，居里夫妇又根据实验事实宣布，他们又发现了第二种放射性新元素，这种新元素的放射性比钋还强。他们把这种新元素命名为"镭"。可是，当时谁也不敢确认他们的发现，因为按化学界的传统，一个科学家在宣布他发现新元素的时候，必须拿到实物，并精确地测定出它的原子量。而居里夫人的报告却没有钋和镭的原子量，手头也没有钋和镭的样品。

为了让科学界同行们看到钋和镭，证实它们的存在，居里夫妇决心拿出实物，这当然也是为了使自己完全有把握。这是一件难上加难的事情，主要难在沥青铀矿石上。

当时，藏有钋和镭的沥青铀矿，是一种很昂贵的矿物，主要在波希米亚的圣约阿希姆斯塔尔矿，炼制这种矿物，人们从中提取制造彩色玻璃用的铀盐。对于生活十分清贫的居里夫妇来说，用哪一笔钱来支付这件工作必需的费用呢？

他们的智慧补足了财力,他们预料,提出铀之后,矿物里所含的新放射性元素一定还存在,那么一定能从提炼铀盐后的矿物残渣中找到它们。

奥地利政府被居里夫妇这种精神所感动,决定馈赠一吨残矿渣给居里夫妇,并答应若他们将来还需要大量的矿渣,可以在最优惠的条件下供应。当然,他们仍须购买这种原料,并且付出运到巴黎的费用,居里夫妇高兴极了,他们耐心地等待着矿物残渣的到来。

一天,天刚蒙蒙亮,一辆货车似的载重马车,停在巴黎理化学校门前。守门人通知了皮埃尔和居里夫人,当他们看到矿渣时,居里夫人抑制不住内心的欢乐,"这是铀矿残渣,镭就藏在里面!"她剪断绳子,打开那些粗布口袋,把双手伸进那暗无光彩的棕色矿物中,她就要从中提炼出镭来。

居里夫妇的实验室顶棚是玻璃的,所以,在夏天,实验室里面被太阳晒得像一个烤箱;而在冬天,又冷得使人都快冻僵了。为了提炼镭,居里夫妇克服了种种的困难,他们在实验室里辛勤地奋斗着。居里夫人立即投入提取实验,她每次把20多公斤的废矿渣放入冶炼锅里熔化,连续几小时不停地用一根粗大的铁棍搅动沸腾的材料,而后从中提取仅含百万分之一的微量物质。

日复一日,月复一月,年复一年地工作,这些并没有居里夫妇失掉勇气。他们从1898年一直工作到1902年,经过几万次的提炼,处理了几十吨矿石残渣,终于得到了 0.1 克的镭盐,测定出了它的原子量是 225。

镭宣告诞生了!

居里夫妇证实了镭元素的存在,使全世界都关注放射性现象。镭的发现在科学界爆发了一次真正的革命。

居里夫人以《放射性物质的研究》为题,完成了她的博士论文。1903 年,居里夫人获得巴黎大学的理学博士学位;同年,居里夫妇和贝克勒尔共同荣获诺贝尔物理学奖。

继镭的发现之后,另一些新的放射性元素,如锕等也相继被发现。探讨放射现象的规律以及放射性的本质成为科学界的首要研究课题。随着 X 射线、放射性和电子的发现,动摇了以古典物理学理论为基础的传统观念,使物理学处于"危机"之中。向原子内部进攻和"分裂"原子,已成为世纪交替时期科学领域中最振奋人心的口号。

君子赠人以言，庶人赠人以财。

——荀况

名句箴言

——打开量子的大门
普朗克与原子时代

在牛顿力学已发展到登峰造极的地步时，许多科学家运用牛顿力学原理，成功地研究了刚体、流体、弹性体的运动规律，创立了力学的新分支刚体力学、流体力学、弹性力学等。天文学家运用牛顿力学的原理，正确地计算了哈雷彗星的回归时间，并发现了海王星……这时牛顿力学已经被视为"完美无缺的理论"和科学真理的顶峰。物理学界的许多人都因此而沉醉于完美而和谐的气氛之中,悠然自得。可是,德国一位物理学家却注意到了开尔文的后两句话——"物理学大厦已全部建成,今后物理学家的任务就是修饰这所大厦,使之更加完美。然而,他并没有否认,在晴朗天空的边际,上还有两朵小小的令人不安的乌云,其中之一就是黑体辐射。"于是他开始了对黑体辐射的研究,正确地解释了这一难题,驱散了这朵乌云,悄悄地把世界引进到原子时代。这个人就是德国柏林大学物理学教授马克斯·普朗克。

普朗克是一位卓越的理论物理学家,他致力于热力学的研究,于 1900 年提出了一种崭新的理论,叫量子论。这种理论表明,自然界中存在着这样一些变化,它们的发生不是平稳的,而是跳跃的、"爆炸式的"。这个理论动摇了人们对整个自然界变化的传统看法,有关能量连续变化的观念

普朗克

再也不能认为是正确的了。这一理论的提出,使物理学发生了一场重大革命。正是由于它的诞生,现代物理学才发展起来。"量子论"被公认为是经典物理学和现代物理学的

分界线。因此普朗克荣获 1918 年诺贝尔物理学奖。

普朗克于 1858 年 4 月 23 日出生在德国基尔的一个知识分子家庭,父亲是法学专家,担任基尔大学教授。他生活在学术气息浓厚的家庭里,从小就接受很好的家庭教育,养成了踏实的学习态度。

就读中学的时候,普朗克遇到一位对学生循循善诱的物理老师,使他对物理学逐渐发生了兴趣。中学毕业后,他先后就读于慕尼黑大学和柏林大学,接受著名的物理学家赫兹和基尔霍夫的指导,打下了相当坚实的物理学基础。

普朗克大学毕业后,就开始了物理学研究。他系统地自修了著名物理学家克劳胥斯的《热力学》,为其中深奥的理论所吸引,于是,就确定以热力学第二定律作为自己博士论文的题目。

1885 年春,这位在慕尼黑大学担任 5 年助教的普朗克终于有了出头之日,他被基尔大学聘请为理论物理系副教授。这时,理论物理学还属于一门新的学科,选修的学生较少,这就使他有更多的时间去从事新课题的探讨和研究,并为他后来提出的辐射理论打下了基础。

1888 年 11 月 29 日,普朗克又应柏林大学的聘请前往任教。第二年春天,基尔霍夫教授逝世,普朗克接替了他的教职,兼任新设的物理研究所所长。1892 年,他晋升为柏林大学教授,一直到 1926 年退休为止。他在柏林大学曾两次执教,先后长达 40 余年,普朗克一生在科学上提出了许多创见,但贡献最大的还是 1900 年所提出的量子假说。

普朗克从 1896 年开始热辐射的研究,他在研究中,利用了许多德国物理学家的工作成果,例如,基尔霍夫的热力学方法,威里·维恩的辐射定律等。而后者,正如著名物理学家劳厄说的:"维恩把物理学直接引到了量子物理学的大门口。"而普朗克正是在这些工作的基础上,采取了下一个步骤,引导量子物理学通过了这座大门。

1896 年的一天,普朗克正做着他的热辐射研究,一位同事跑进来告诉他:"真了不起,有两位物理学家在帝国物理研究所对黑体辐射进行了实验,并取得了测量结果"。

普朗克听后高兴极了,他立即着手热辐射的研究。他发现:"发热的物体都会放出光线,这些光线不一定都能被眼睛看到。极高温的物体可能发射出可见光或其他肉眼看不见的光;低温的物体,可能只会放出红外线。"这个理论,可应用在高温物体的温度测定上,当物体的温度很高,普通的温度计已经不能使用时,我们可以分析物体放出的光线,来测得物体的温度。大体上说,颜色愈接近白色的光,温度就愈高,灯泡中的发光钨丝,通电后可达 2800℃的高温。

普朗克在研究发热体辐射光线时,产生了一个疑问:"地球上的万物或多或少都具有温度,如果根据已知的理论去计算,物体即使只有少量的热,也会发出非常强的光。这么说，几乎每种东西都是白热的。可是，事实并非如此。"他仔细地检查计算过程，发现并没有错误，于是，大胆地指出前人理论错误的地方，在科学上引起了相当大的震撼。

光和热有密切的关系，普朗克在对这一问题深入研究后，指出："光在某些方面具有粒子的特性，一束光线所含的粒子，如同机关枪打出的子弹一般，是一个接着一个往外发射的，每个粒子都带有能量。"

光的本性是什么，光是粒子还是波呢？科学家们进行了长期的争论，事实是某些波动理论难以说明的光学现象，可以用粒子的观念来说明；可是，有些现象只能用波动的观念来解释，而不能使用粒子的理论来说明。对光的本性争论，一直持续了200多年，仍然没有得到统一的结论。

量子论的诞生是科学发展史上的一个重大事件，它促进了其他科学的发展。著名物理学家爱因斯坦当时正在瑞士研究相对论，他看过普朗克的论文以后，发觉量子论可用来解释光电学上的某些疑问。他用一束强光照射到金属板上，结果有电子从金属板上弹出，如果用更多的光来照射金属板，就有更多的电子被打出来，这项实验证明了量子理论的正确性。如果用波动的观念来解释，增加照射光束，应该是使电子的速率加快，而不会使电子数量增加。爱因斯坦非常钦佩普朗克的才华，对于量子论的推广不遗余力。后来，他到柏林大学任教，成为普朗克的至交好友。而柏林大学有了普朗克和爱因斯坦这两位物理学大师,立即成为当时世界物理学的研究重地。

然而,好景不长,希特勒执掌德国政权后,许多科学家受到了纳粹的迫害。爱因斯坦被迫逃往美国,留在德国的普朗克,无法接受戈培尔和希特勒的暴行,拒绝签署对纳粹效忠的文件,因此不断地受到秘密警察的骚扰。他虽然年事已高,却一点也不肯向强权屈服。

1933年春,希特勒开始对犹太科学家进行疯狂地解职和逮捕。1933年秋,相对论的创始人爱因斯坦被迫去了美国。纳粹没能把最伟大的科学家置于死地,于是就开动宣传机器,诬蔑爱因斯坦是"祖国的叛徒"。刚从旅行中归来的普朗克,听到这一消息后,立即向科学院发表声明:"爱因斯坦先生是杰出的物理学家之一。他在我们科学院发表的著作对本世纪物理学的巨大贡献只有开普勒和牛顿的成就可以与之媲美。我认为,当我说这些话的时候,我所表达的既是我们科学院同行们的见解,又是绝大多数德国物理学家们的见解。我认为说这些话之所以必要,首先是为了让后代不要以为爱因斯坦先生在科学院的同行们不能充分理解他对科学发展的意义。"

这一下激怒了希特勒,1935年,普朗克被免去了德国威廉皇家学会主席的职务。但普朗克毫不惧怕,当著名化学家、反法西斯主义者哈伯在瑞士去世一周年时,他准备召开纪念大会。由于哈伯是 1933 年春被迫逃到瑞士的,希特勒对他进行过迫害,所以希特勒政府得知这一消息后,正式禁止德国各大学的教授们参加这个会议。但普朗克的精神鼓舞了大家,终于开成了这个纪念大会。于是惩罚随之而至,1938 年又免去了他的柏林科学院院长的职务。各国的科学家都无不为之担忧,多次邀请他到国外讲学或养老,但是,他坚持要守在自己的岗位上,捍卫德国科学的成果,因此,他婉言谢绝了这些邀请。

有一天,纳粹分子再次闯进普朗克的住宅,并且押着他的儿子前来,威胁说:"只要你签了效忠国家的誓约,我们就会把你的儿子释放。否则你应该明白,你儿子犯了阴谋反叛希特勒的罪行,会有多么严重的后果!"

普朗克仍旧坚持不向法西斯屈服的原则,拒绝了纳粹分子的要挟,因而使得他最小的儿子遭到杀身之祸。经过这次打击,普朗克更加痛恨纳粹分子的残暴恶行,同时也更加坚定了反抗暴政的决心。

第二次世界大战结束后,德国政府为了表扬普朗克在科学上的成就,准备在他 90 岁寿辰时大大庆祝一番。可惜这个计划未能实现,1947 年 10 月 3 日,普朗克这位伟大的科学家离开了人世,终年 89 岁。他的学生在悼念他时说:"只要科学存在,它将永远不会忘记普朗克的名字。"

普朗克的"量子论"打开了"量子力学"的大门,把科学引入原子时代。这个伟大的成就不仅为他赢得了诺贝尔物理学奖,还使他被公推为英国皇家学会最高级的名誉会员,并且被选为美国物理学会名誉会长。德国政府为了纪念他在科学史上的卓越贡献,将恺撒威廉科学院改名为"普朗克学院",同时将德国最高科学奖定名为"普朗克奖章"。

名句箴言

> 如果我们想交朋友，就要先为别人做些事——那些需要花时间、体力、体贴、奉献才能做到的事。
>
> ——卡耐基

确立核结构——卢瑟福破解原子迷宫

玻尔，1885 年 10 月 7 日生于丹麦哥本哈根，是 20 世纪第一流的科学家之一。他首先应用量子理论，即将某一系统的能量限制在某些离散值来研究原子结构和分子结构问题。在量子物理学的发展过程中，他曾是主导人物，也做出了主要贡献。

玻尔早在大学作硕士论文和博士

论文时，就考察了金属中的电子运动，并明确意识到经典理论在阐明微观现象方面的严重缺陷，赞赏普朗克和爱因斯坦在电磁理论方面引入的量子学说。在他研究原子结构问题时，就创造性地把普朗克的量子说

爱因斯坦（左）与玻尔（右）

和卢瑟福的原子核概念结合了起来。在玻尔离开曼彻斯特大学以前，曾向卢瑟福呈交了一份论文提纲，引入了定态的概念，给出了定态应满足的量子条件。回到哥本哈根后，1913年初，有朋友建议他研究原子结构，应很好地联系和应用当时已有的丰富而精确的光谱学资料，这使他思路大开。通过对光谱学资料的考察，玻尔的思维和理论有了巨大的飞跃，使他写出了"论原子构造和分子构造"的长篇论著，提出了量子不连续性，成功地解释了氢原子和类氢原子的结构和性质。1921年，玻尔发表了"各元素的原子结构及其物理性质和化学性质"的长篇演讲，阐述了光谱和原子结构理论的新发展，诠释了元素周期表的形成，对周期表中从氢开始的

各种元素的原子结构作了说明,同时对周期表上的第 72 号元素的性质作了预言。1922 年,发现了这种元素铪,证实了玻尔预言的正确。1922 年玻尔获诺贝尔物理学奖。

1930 年起,玻尔继续从事于由量子理论引起的认识论问题,同时还对核物理学这个新领域做出了贡献。他把原子核比作一个液滴,他的液滴概念是理解许多核过程的关键手段,特别是 1939 年在理解核裂变(一个重核分裂为两个几乎等质量的两部分,并释放巨大的能量)的实质中起了重要作用。

1940 年丹麦被德国人蹂躏和占领,面对纳粹的权势,玻尔尽力维护其研究所的工作和保持丹麦文化的完整性。1943 年,由于他的犹太血统和从不隐蔽的反纳粹观点,他受到立即逮捕的威胁。玻尔和妻子、家人,由丹麦地下组送到瑞典。再由英国政府派飞机将玻尔从瑞典送到英国。在以后两年中,玻尔和他的一个儿子奥格一起参加了裂变核弹的工程。奥格以后继承父业,是一位理

玻尔利用普朗克常数,创造出描述电子运动方式的纯数学方法,他确定了原子本身的特性。

论物理学家,主持了理论物理研究所,获得了诺贝尔物理学奖。他们在英国工作了几个月,就和英国的研究组一起搬到了美国新墨西哥州的洛斯阿拉莫斯研究中心。

玻尔特别关心原子武器对人类带来的灾难。1944年,他试图说服英国首相丘吉尔和美国总统罗斯福必须通过国际合作来解决这些问题。显然这种呼吁没有取得成功,玻尔在1950年致联合国的一封公开信中继续努力提出一个"开放世界和合理的和平政策"。玻尔相信为了控制核武器,人民

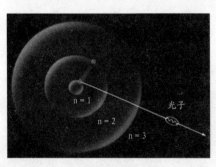

(玻尔假设)玻尔理论成功地解释了原子的稳定性、大小及氢原子光谱的规律性。玻尔由于研究原子结构和原子辐射的贡献,荣获1922年诺贝尔物理学奖。

及其思想都必须自由交流。他带头推动了1955年在日内瓦召开的第一届国际和平利用原子能会议,并协助建立了欧洲核研究委员会(CERN)。在他获得的众多奖誉中,玻尔曾于1957年获得第一届"美国和平利用原子能奖"。

玻尔在晚年时,曾试图指出,在人类生活和思想的许多方面,互补的思想可能说明一些问题。他对几代物理学家都会有重大影响,对他们的科学思想和生活观点都起着启蒙引

导作用。玻尔自己不断向各方面学习,甚至对最年轻的共事者也抱着倾听学习的态度。他从同事们、妻子、儿子和兄弟那里获得了力量。他的精神富有国际性,但他也是十足的丹麦人,他深深扎根于他的丹麦文化之中。这一点可以从他负责的许多公共事务中看出来,特别是他从 1939 年起就是丹麦皇家科学院院长,一直负责到生命结束。

名句箴言

原谅敌人要比原谅朋友容易。

——狄尔治夫人

破处量子数谜题
——泡利不相容原理

919 年,著名数学家费利克斯·克莱茵正在主编一部不朽的巨著——《数学百科全书》,当时世界上许多第一流的数学家和物理学家都在为他这部巨著撰稿。

一天,德国慕尼黑大学的物理学教授、著名的理论物理学家索末菲忽然收到了克莱茵的一封信。信中说:

尊敬的教授：

"我诚挚地邀请您为《数学百科全书》写一篇关于相对论的综述……"

索末菲教授看完信后，自己并没有动手撰写这篇文章，却把这个任务大胆地交给了他的一个学生，表现出令人赞赏的勇气和洞察力。

那时，相对论还是一门崭新的学科，著名物理学家朗之万就曾经说过："全世界只有 12 个人懂得相对论。"而有人反驳他说："不对，只有两个半"，可见相对论是多么的深奥难懂。过了不久，这位学生果然不负老师厚望写出了一篇大约 250 页的专题论文，精辟地阐述了相对论的物理意义和数学基础。文章透彻地叙述了关于这个课题已有的重要文献，同时还清楚地提出了自己对相对论的认识和见解。文章陈述简洁、内容丰富，不仅是当时狭义和广义相对论的高级引论，而且是有历史意义的第一流科学文献。以至于相对论的创始人爱因斯坦读后，都赞扬备至，说他"物理学观点融会贯通，数学推导准确无误，微妙处洞察入微，系统处驾驭自如，文笔流畅，评述可信。"这篇相对论的综述论文获得了极大的成功。

索末菲教授何以有这么大的勇气，让还在读大学二年级的一名学生写这么深奥理论的论文呢？这位初露才华的学生又是谁呢？

他就是后来发现了电子自旋量子数和"泡利不相容原理"的奥地利著名物理学家——伏尔夫岗·泡利。

1900 年 4 月 25 日,泡利生于奥地利首都维也纳。他的父亲做过医生,是一个有名的学者,后来担任维也纳大学胶体化学教授。泡利生下后接受过天主教的洗礼,教父是物理学家和哲学评论家厄恩斯特·马赫,因此泡利自幼就受到了良好的科学环境的熏陶。他在念小学时,成绩始终名列前茅。进中学后,课堂教

泡利

学已满足不了他的需要,他广泛阅读课外书籍,尤其喜欢自然科学。中学快毕业时他得知,爱因斯坦发表了广义相对论,这在当时是一门崭新的学科,物理学的前沿。他表现了极大的兴趣,甚至在课堂上也在偷偷地阅读。他那时已掌握了高等数学,所以读过爱因斯坦的著作后,他感到眼中翳障突然消失,一下子对广义相对论能够心领神会了。

中学毕业后,泡利决定攻读理论物理学。他进了慕尼黑大学,跟随良师益友索末菲学习。索末菲当时在德国以至世界上都可以算得上一位最有声望的理论物理学导师,

许多杰出的科学家,包括海森堡、贝蒂在内都出自他的门下。在这里,泡利在索末菲教授的指导下,他的理论分析技巧更臻成熟,他的非凡的才华得以显露,在为《数学百科全书》撰写相对论综述之前,泡利尽管当时还不到 20 岁,可是已经发表过好几篇相对论的论文了,因此深得索末菲的赏识。

1921 年,泡利以论文《论氢分子的模型》取得博士学位,从慕尼黑大学毕业。他的论文被认为是对于玻尔——索末菲量子理论应用问题的卓有见地的文章。

1922 年,泡利离开慕尼黑大学,来到哥廷根大学——当时由玻恩和弗兰克领导的世界理论物理研究中心,担当玻恩的助手。在此期间,他结识了尼尔斯·玻尔。一学期后,他接受了玻尔的邀请,来到了哥本哈根理论物理研究所工作。这里自由的学术空气和讨论方式,加之名师的指导,使泡利学到了科学的思维方法,锻炼出了纯熟的数学技巧,弥补了他不擅长实验、动手能力不足的弱点。此后不久他又去了汉堡大学担任编外讲师。

泡利不是一般人们所说的好教师,他不擅长演说,上课时又总是自言自语,写在黑板上的字是又小又乱。可由于他强烈的个人感染力,所散发出一股魅人的精神力量,使他的学生们总是被他深深地吸引住。因为只要一接触到他对事物所做出的敏锐评判,就会被他的才智所折服。他上课时还有一种奇怪的习惯,讲着讲着会突然停下,思考起所论述的问题来。这时,他的学生也聚精会神地思考起来,然后展开激烈的讨论。

从 1923 年到 1928 年这 5 年中,泡利一边进行教学工作,一边开始从事量子物理学的研究。他专攻的首要课题就是反常塞曼效应,反常塞曼现象深深地迷住了他,在他的宿舍里,桌子上,床上到处都是演算的草纸,窗台上老是放着未吃完的面包,他从早到晚既不上运动场,也不去音乐楼,总是写啊,算啊,可是却一直没有个头绪,使他整天愁眉苦脸的。

当然,泡利没有把反常塞曼效应的问题完全解决。事实上,当时波动力学还没有发展起来,要想完全解决这个问题也是不可能的。但是,他把塞曼效应的研究用来正确地解释了光谱线的精细结构,这是电子所具有的一种在经典力学中找不到的新性质。为了解释这种精细结构,泡利用一个新的只能取两个值的量子数来描述电子,这个新量子数就是电子自旋的投影,他后来因此发现了电子自旋。这个新量子数的存在和泡利所做的解释都得到了光辉的证实。

新量子数的发现为泡利最重要和最著名的发现做了准备。1925 年,这方面的研究终于导致了他发现的自然界的一条基本规律——泡利不相容原理。在泡利提出这个原理之前,朗德、索末菲和玻尔等人都相信,特别是碱金属,原子中被价电子围绕的那部分组成,具有角动量,这角动量是磁反常的原因。至于这部分组成为什么具有角动量和磁矩,则谁也说不出道理。泡利的不相容原理认为:一个原子中不能有两个或更多的电子处在完全相同的量子状态。应用这个原理可以很好地解释原子内部的电子分布状况,从而把由玻尔的原子理论不能圆满解释的元素周期表的分布规律说得一清二楚。这个重要发现之后 20 年,即 1945 年,他因此而获得诺贝尔物理学奖。

从 1928 年起,他担任了慕尼黑联邦工业大学的理论物理学教授,直到他去世。近 30 年的时间里,他一直坚持不懈地刻苦钻研,他凭借自己非凡的智慧,以科学的预想和不断创新的精神,攀登着一个又一个的科学高峰。

20 世纪 20 年代物理学家们发现:在原子核放出电子的 β 衰变过程中,放射出的电子所携带的能量,并不和原子核所损失的质量相对应。经测定,放出电子所带走的总能量要小一些,也就是说,在 β 衰变过程中有能量"亏损"的现象。那么,这一部分亏损的能量到哪里去了呢?大家都知道,能量是不能创造也不能消灭的,只能由一种形式转化为另一种形式。面对着这种情况,人们犹豫、彷徨。1930 年玻尔甚至准备放弃能量守恒原理,因为他认为,能量守恒在微观粒子作用过程中不一定成立,这样就可以解释 β 衰变中的能量亏损现象了。

玻尔是泡利的良师益友,两人之间有着深厚的友情。可是泡利并未因此而放弃自己的观点,他不相信在自然界中唯独β衰变过程违反守恒定律。为了"挽救"能量守恒原理,找到能量亏损的真实原因,他思索着,钻研着……1931年他大胆地提出了自己的科学假定:

他假设存在一种新的粒子,它伴随β粒子从核中发射出来,但质量很微小,不超过电子质量的万分之一,不带电,稳定,由此满足每次β衰变事件中能量守恒。并且为了方便β衰变中自旋守恒,他还假定这种粒子的自旋为1/2。1932年,费米把这种粒子称为"中微子,"意思就是"微小的中性小家伙"。

泡利的中微子假说提出以后,令人信服地说明了β衰变中失踪能量的去向,圆满地解决了这个矛盾。然而由于中微子没有电荷也没有质量,就像个"幽灵"般神秘莫测,许多物理学家忧虑地认为,这不过是泡利为了维持能量守恒定律,使能量在数值上达到平衡而想象出的不切实际的幻影。

在巨大的压力面前,泡利没有屈服,仍以科学的态度严肃认真地进行着科学研究。经过漫长的25年后,1956年,美国洛斯·阿拉莫斯科学实验室终于第一次直接观测到反中微子,证实了中微子的确是存在的。泡利比他前代许多伟大的科学家幸运得多,他终于亲眼看到了自己的科学假说变成了现实,他欣慰地笑了。

泡利在量子力学、量子场论和基本粒子理论方面的卓越贡献,特别是他的不相容原理和 β 衰变中的中微子假说等,在理论物理学的发展史册上谱写了辉煌的一页。他的名字与相对论、量子力学和量子场论紧紧地联系在一起,人们称赞他为"当之无愧的理论物理学家""理论物理学的心脏"。

作为一个理论物理学家,泡利的最后一项重要工作是研究了场论中的各种分立对称性,证明了每个洛仑兹不变拉格朗日场论,在 CTP(电荷共轭、时间反演、宇称)操作下是不变的。而 C、T 和 P 不必分别是对称的。不久之后泡利就发现,在弱相互作用中,例如在 β 衰变中,宇称是不守恒的,即 P 单独是不守恒的,这一发现使他激动万分。

正当他在科学的高峰上历力攀登的时候,却不幸患了重病,1958 年 12 月 14 日在瑞士苏黎世逝世,终年 58 岁。

远在公元前 4 世纪，希腊哲学家留基伯和他的学生德谟克利特已经提出"原子"的概念。他们认为万物都是由大量不可分割的微小质点所组成，他们把这样的微小质点叫作"原子"。原子除有大小、形状和位置的差异外，没有区别。原子遵照一定的规律在"虚空"中不断运动。它们集合在一起时便形成物体，分离时物体便消失。在当时这仅是一种猜想而已，无法用实验证实。但是这个说法跟一切物体都能粉碎的事实是相吻合的。原子说在中世纪受到宗教和神学的压制，没有得到发展。到了公元 17 世纪，随着化学的发展，这种观点又重新传播起来了。

17 世纪，通过卡文迪许和拉瓦锡等许多化学家的工作，发现了水可分解为氧和氢两种元素；空气是由氧、氢和氮等元素混合而成的，燃烧只不过是元素和氧起激烈反应等等。随着几十种元素的发现，英国化学家道尔顿提出了新的原子学说。他认为物质是由许多种类不同的元素所组成，元素又由非常微小的、不可再分的、不能毁灭又不能创生的原子所组成。同种元素的原子大小、性质等都相同,异种元素的原子是不相同的。道尔顿用他的学说说明了化学中的物质不灭定律、定比定律和倍比定律等。道尔顿的原子说是根据事实概括的结果,能够用来研究和发现新的现象,因此比古代原子说更进一步。

19世纪后半期,分子运动论有了进一步发展,人们逐步建立起近代的原子分子学说。但是原子分子是否存在,一直没有用实验证实。1905年,爱因斯坦用分子运动论的观点从理论上解释布朗运动获得成功,他还提出了测定分子大小的新方法。1908年,法国物理学家佩林按爱因斯坦的方法,用实验测定了分子的大小,结果跟爱因斯坦预言的一致,终于在科学界确认了现代分子原子学说。

1897年汤姆逊发现了电子,并证明了电子是各种元素的基本组成部分。1903年卢瑟福和化学家索迪合作,通过实验发现了一种物质可以变成另一种物质,提出了原子自然衰变的理论。这些事实打破了道尔顿以来人们认为原子不可再分割的观念。

带负电的电子的发现,向人们提出了这样一个问题,原子内部有许多电子,但原子又是电中性的,说明原子内部还有带正电的物质。那么,这些物质在原子内部是怎样分布的呢？

1903 年汤姆逊在爱尔兰大学讲课时，以元素进化说为基础，提出了他的原子结构模型：正电荷均匀地分布在原子球内，一些电子等间隔地排列在与球同心的圆周上。他还计算了在正电球库仑力以及电子相互间库仑力的作用下，使这种原子结构保持稳定状态的条件。在计算中汤姆逊发现，为了不使电子都集中到球心，电子必需分布在几个同心圆环上，如果尽量减少圆环数，对应正电球里各种数目电子的稳定分布就出现了周期性。汤姆逊的模型后来被证明是错误的，但他的这些研究为后人建立原子模型提供了不少启示。

汤姆逊（1856—1940 年）英国物理学家，1856 年生于曼彻斯特的一个专印大学课本的书商家庭。由于父亲的职业关系，汤姆逊从小就结识了一些曼彻斯特大学教授，受学者的影响，汤姆逊学习很认真，14 岁便进了曼彻斯特大学。1876 年 21 岁的汤姆逊便被保送到剑桥大学三一学院深造。此后，他一直在剑桥教书和研究。

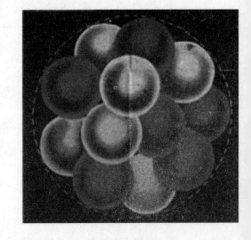

原子结构模型

原子核物理学的奠基者

1884 年,瑞利从卡文迪许实验室退休时,推荐 27 岁的汤姆逊接任该实验室主任之职。此后,汤姆逊领导这个机构达 34 年之久。汤姆逊对自己的学生要求非常严格。他要求学生在开始做研究之前,必须学习好所需要的实验技术,实验仪器全要自己动手制造。他要求学生成为会思考、有独立工作能力的人,成为不仅是实验的观察者,更是实验的创造者。在汤姆逊严格培养下,后来有 9 名学生获得了诺贝尔奖。其中有威尔逊、卢瑟福等。

1906 年汤姆逊因发现电子而获得该年度的诺贝尔奖。

1940 年 8 月 30 日他在剑桥逝世。为表彰他的杰出贡献,他的骨灰与牛顿、达尔文、开尔文等伟大科学家的骨灰放在一起。

1911 年卢瑟福根据 α 粒子散射实验的结果,否定了汤姆逊的原子模型,提出了核式原子结构模型。认为原子的绝大部分质量和所有正电荷都集中在体积相当小的原子核内,电子在核外绕核旋转。

卢瑟福模型在当时并不被物理学家们所普遍接受。按经典电磁理论,绕核旋转的电子,因作加速运动,要向外辐射电磁波,这将消耗电子的绕核运动的能量,使它最终落到原子核上。说明这样的原子结构极不稳定,而通常所见的原子是极稳定的。再有电子绕核运转最后落到原子核的过程中辐射出的电磁波或光波应成连续光谱。而原子处于炽热状态时所发射的光,不是连续光谱而是线光谱。

1895年卢瑟福来到英国,师从汤姆逊教授。从此他开始了研究原子核物理的生涯。卢瑟福在原子核物理学方面有许多建树。著名的α粒子散射实验就是在他领导下完成的。

1908年,卢瑟福因"在元素蜕变及其放射化学方面的研究"而获得该年度的诺贝尔化学奖。在得奖演说中;他风趣地说:"我一生中,曾经历过各种不同的变化,但最大的变化要算这一次了。我竟从物理学家一下子变成了化学家。"

卢瑟福也是培养青年的良师。许多有名的科学家例如玻尔、莫塞莱、查德威克和盖革等都是他的学生。

1913年,丹麦的物理学家玻尔为了克服核式模型和经典物理理论的矛盾,提出经典电磁理论只适合于宏观现象,但不适合于微观现象,原子内部的运动遵守另外的规律。他大胆地引进普朗克的量子理论,提出了两个假设。玻尔认为在原子核的库仑场中存在一些特定的电子绕核运转的轨道,在这些轨道中运动的电子虽然有加速度,但不会向外发射电磁波。对应于每一稳定轨道,原子具有一定的能量。

电子能够从一个稳定轨道跃迁到另一稳定轨道,在这个跃迁中原子将吸收或放出一定频率的单色光。单色光的能量等于两个稳定轨道对应的原子状态的能量差。

玻尔按这两个假设,定量地计算出了氢原子的电子绕核运动的轨道半径和它们对应的原子稳定状态的能量,导出了光谱学中的巴耳末系的计算公式,理论计算与实验结果完全一致。玻尔的理论不仅使人们确信了原子的核式结构,而且还使长期积累的光谱资料理出了清晰而有条理的系统。从此原子光谱和分子光谱成了研究原子和分子结构的有力工具。

玻尔理论后经索末菲等人的改进。索末菲从实验事实出发,将电子绕核轨道从单一的圆轨道,推广到椭圆轨道。并且他还发现轨道在空间的取向也是量子化的,从而引入了主量子数、角量子数和磁量子数的概念。索末菲的理论成功地解释了在强电场下,氢原子光谱出现分裂的斯塔克效应和处在强磁场中的光源发射的谱线,会分裂的塞曼效应。1920年索末菲又引入了第四个量子数。这第四个量子数直到 1925 年才被科学家弄清楚，原来是绕核旋转的电子的自旋量子数。

1925 年泡利在研究四个量子数跟原子核外电子排布的关系时，发现了泡利不相容原理：在同一原子内，具有完全相同的四个量子数的电子只能有一个。利用玻尔、索末菲理论加上泡利不相容原理可以成功地解释核外电子的排布。至此经典的原子物理学完全建立了起来。原子核物理学的发展是和 19 世纪末以来原子物理学的发展交织在一起的。自 1896 年贝克勒尔发现铀盐的放射性之后，一些科学家着手寻找其他新的放射性元素。其中最有成就的数居里夫妇了，通过他俩的艰苦努力，发现了镭和钋。另一些科学家着重研究放射性物质放出的射线性质以及射线和物质本身的关系。研究工作也取得了累累硕果。卢瑟福弄清了放射性物质放出射线含有三种成分，即 α 射线、β 射线和 γ 射线。并弄清了 α 射线带正电；β 射线带负电，γ 射线不带电。卢瑟福和化学家索迪合作弄清了放射性物质放出射线后自身变成了新物质，于 1908 年提出了原子自然衰变的理论：

（1）放射线是随着放射性物质变化为另外的新物质时放出来的。

（2）放射线是由带电物质粒子所组成的。这种粒子的放出,本身就是放射性变化。

(3)在放射性变化中,化学原子被破坏了。

(4)放射性变化的衰减服从指数规律。

1913年由索迪正确地归纳出放射性物质衰变时的位移法则:放出α射线时,生成的元素在周期表里原子序数减少2。放出β射线时,原子序数增加1。

质子、中子和电子后来被科学家称为构成物质的基本粒子。但随着研究工作的深入,目前已发现基本粒子有三百多种,其中包括正电子、反质子、介子和中微子等等。

带正电的质子聚集在这么小的原子核中,而不被强大的库仑力拆散,这使科学家发现了核力。通过核力和基本粒子间相互作用的研究,目前物理学家普遍认为在自然界中存在四种基本力:万有引力、库仑力、强相互作用和弱相互作用力。20世纪在原子核物理方面的一项巨大成就是原子核能的应用。

1903年皮埃尔·居里夫妇发现每克镭每小时要放出400焦耳以上的热量。经研究,这是因为镭放出的射线中的粒子有很大的动能,动能的一小部分在放射过程中转变为热能造成的。但经计算1克镭能放出的热能十分的大,竟比相应的化学能大几百万倍。由于放射性现象是由原子核的变化产生的,原子核内可能蕴藏如此巨大的能量吗? 1905年爱因斯坦发表的质能关系式 $E = mc^2$,给出了这种可能性。

1925年科学家们又发现各种原子核的质量略小于构成它们的核子即中子、质子的质量之和,出现了"质量亏损"。结合爱因斯坦的质能关系式,科学家们想到这是中子、质子在构成原子核时有一部分质量转化为结合能放出了。科学家们又研究了周期表中各元素原子核内单个核子的"平均结合能",发现原子序数较小的和原子序数大的原子的平均结合能较小,处于中间的元素原子的平均结合能特别大。这就提示科学家,如果有可能把原子序数大的元素原子打碎成几块(裂变),或把几个轻核合并起来(聚合),在这样的反应过程中,将会释放出巨大的能量。后来科学家果然找到了铀核打碎,得到巨大能量的方法,制成了原子弹和原子能发电站。科学家也找到了把几个轻核聚合起来的办法,制成了氢弹。但如何使聚合反应也能在人的控制下进行,并利用反应过程中放出的巨大能量发电的办法至今还未完全找到。一旦这方面有所突破,人类面临的能源危机将大大缓解。

原子核物理学的大发展

原子能的新大陆——费米与第一座核反应堆

美国芝加哥大学的校园里，有一座废弃不用的运动场。在运动场西看台的前面外墙上，挂着一块镂花金属匾，上面用英文写着：

"1942 年 12 月 2 日，人类在此实现了第一次自持链式反应，从而开始了受控的核能释放。"

这是原子时代的出生证。

　　人类制成的第一座原子反应堆,是在这个运动场看台下面的网球场中建造起来的。在这里,科学家们第一次看到物质按照人类的意志而稳定地产生出原子核内能量,费米就是这群科学家的领导人。

　　上述文字是费米夫人劳拉,在《原子在我家中》卷头写下的序言。意大利物理学家恩里科·费米,是原子能利用的伟大拓荒者,他参加并主持了第一座原子反应堆的设计、建造和试验工作,他在原子能理论和实验两个方面,都取得了卓越的成就。

　　1901年9月29日,恩里科·费米出生于意大利罗马一个铁路职员的家里。费米开始懂得知识的年代,正是物理学从"经典"进入现代的岁月。普朗克在费米出生的前一年,就提出了量子论;费米4岁时,爱因斯坦发表了狭义相对论;10岁时,卢瑟福发现原子结构;11岁时,冯·劳厄实现X射线在晶体上的散射;12岁时,玻尔建立了量子轨道等原子结构理论。

　　这是现代物理学的青春时代,它一日千里地发展着。每天每日都有新概念、新发现诞生。人们谈论着物理学,仿佛除此之外没有别的科学似的。

　　17岁时,费米取得了中学毕业文凭,他决心报考比萨大学的高等师范学院物理系。这是意大利一所著名的高级研究人才的摇篮。学费可以免缴,但必须通过竞争性极强的严格考试。费米在参加入学考试过程中，按照指定题目写了一篇应试论文《声音的特性》，他在论文一开头，便应用了微分方程，这使比萨大学主考教师万分惊讶。

在比萨大学，当时讲授的物理学主要是经典物理牛顿力学和电磁学，没有人能够讲授正在创建的量子力学。这时，费米轻易地掌握了经典物理学内容，而把主要时间用于现代物理学和纯粹数学知识的扩展。在比萨，尽管费米还是物理学的后来人，但是已被人们认为是量子理论的权威，甚至教授们也向他请教现代物理学。最后，费米以成绩优异的博士论文《伦琴射线的实验研究》，荣获比萨大学博士学位。年仅 21 岁的费米，成为意大利物理学界最年轻的物理学博士，也成了振兴意大利物理学的希望之星。

在 20 世纪的前 20 年，人们在谈论现代物理学时，几乎忘记了意大利。那些令人眼花缭乱的物理学最新发现，没有一项与意大利沾边，意大利的发明家马可尼发明的电报，还是在英伦三岛上完成的，物理学史上的"伽利略—比萨时代"早已成为朦胧的过去。曾经产生过布鲁诺、伽利略、托里拆利等科学大师的意大利，真的绝望了吗？物理学一度领先再度落后的意大利，就没有希望了吗？

20 世纪 20 年代，在罗马科学界，颇具民族抱负的物理学家们正在思考着"意大利物理学的复兴"。罗马大学物理实验中心主任考宾诺，就是这一思考的积极实践者，他网罗人才，精心培养，期待着另一个伽利略的出现，重振意大利物理学界的雄风。

就在考宾诺为振兴意大利物理学东奔西走时，费米已经在佛罗伦萨大学完成了冲击物理学高峰的准备工作。4年多的时间，费米发表了30篇论文，其中关于微观粒子的统计规律等项，达到了当时欧美的领先水平。人们现在要跨入原子结构理论的大门，其中重要的任务之一，就是掌握25岁的费米得出的一整套计算，即"费米统计"。1926年3月6日，"费米统计"方法发表后，不少知名的物理学家（包括泡利和索末菲）及时加以推广，使它在原子物理和核物理领域得到普遍应用，成为经典的理论。

1926年春天，考宾诺和他在数学界的几个朋友，正在筹建罗马理论物理讲座，他们提名费米担任首席主讲。这时，费米像一颗正在科坛升起的明星，而考宾诺他们认准费米是意大利物理学复兴的最大希望。不久，一个以费米为核心的志同道合的青年物理学家的集体，在短短的时间内形成了。这一群人太年轻了，费米和他在比萨大学的学友拉赛蒂年龄最大——26岁，最小的一位年仅19岁。他们挑选的第一个学生是西格雷，后来他成为世界知名的物理学家，获得了1959年诺贝尔物理学奖。考宾诺做好行政的全部工作，为这群"年轻的孩子们"创造专心致志工作的条件。

费米小组成立不久，在意大利科摩举行了国际物理学会议,世界上最著名的物理学家几乎都应邀参加了会议。年轻的费米以他的统计理论闻名于世,被推选为理论物理讨论会主席。年轻的物理学家们经历了理论界的考验,也逐渐为国际物理学界所注意。

在意大利罗马大学的物理学研究集体中,费米是公认的"教皇"。拉赛蒂成了"红衣主教"。他们把现代物理学奉为至高无上的法宝。

1925~1926年,量子力学刚刚出现,费米敏锐地把它看作是推进原子核物理发展的重要信号,他们把原来熟悉的光谱学研究暂时放下,转到原子结构领域。他们的头一个巨大胜利,是关于β射线理论,揭示了原子核内作用力的奥秘。1932年,费米已经成为造诣颇深的核物理学家了。

1934年是核物理进入新发展的转折时期。这年春天,居里夫人的女儿和女婿宣布了一项重大发现:一种原子经过轰击之后,可以变成另一种原子。这是近13年来关于人工实现核反应的第一次突破。人们知道,只要用一种α粒子像炮弹一样轰击某种物质原子,就可能使它变成另外一种物质原子。小居里夫妇发现用α粒子为"炮弹",可以轰击一些轻元素,但对于重元素就无效了。

这一发现轰动了整个物理学界。绝大多数人都认为是"轰击"的方式不对,而费米则敏锐地提出是"炮弹"的问题。费米用一种叫作"中子"的粒子做炮弹,打碎了所有元素的原子核。

当费米和伙伴们用中子轰击当时周期表的最后一个元素"铀"时，他们发现了"铀核裂变"，铀核破碎变成了新物质。

尽管费米和伙伴们发现了科学的奇异现象，但他们是物理学家，而不是化学家，他们听信了当时化学家的普遍看法，以为他们发现了第93号元素。

其实，费米他们得到的并非什么"第93号元素"，而是铀核被打碎成了两半。5年之后（1939年），经过德国科学家哈恩和斯特拉斯曼进行的更严格的分析实验，证实了这一点。女科学家迈特纳等阐明了这一现象为"核裂变"。

原子核发生裂变会发出极大的能量，每个原子核都是一个能量的贮存库，关键是怎样打开能源宝库的大门。费米和伙伴们发现的"铀核裂变"，为打开原子能的宝库提供了一把钥匙。

起初，这把钥匙并不是十分顺手，经常发生卡壳的现象，费米和伙伴们要完善这把钥匙。1934年9月的一天，费米及其助手发现了一种十分奇怪的现象，两个年轻人用中子源辐射银，他们做了一个银质圆筒，把中子源放入圆筒内，然后他们把圆筒放在一个铅盒里。他们经过精确地计量观察到：把银筒放在铅盒的不同位置，产生的裂变强弱是不同的，他们赶紧去请教费米。

"这种异常是不是统计的错误和测量的不精确造成的呢?"助手问道。

"这也许是一个重要发现。"费米摇了摇头,谨慎地建议说,"让我们多做一些各种情况的试验。"

经过一连几天的试验,费米他们又发现了更多的怪现象。当把中子源放到圆筒外面,筒和中子源之间放置一块铅板的时候,反应更加剧烈。当时,费米他们使用自制的盖革计数器,来测量核反应的强弱,铅竟然会影响核反应的强弱,费米陷入了深深地沉思。

"既然铅是一种重物质,可以影响裂变,那么换成轻物质会怎么样呢? 对,试试轻物质,先试试石蜡吧!"费米心想。

10月22日早上,费米找来了一大块石蜡,在上面挖了一个洞,把中子源放到洞里,再辐射银圆筒,然后拿着一个盖革计数器去测反应产生的放射性。"咔,咔"计数器发了疯似的响起来。人们怎么也没有想到,石蜡竟使核反应提高了几百倍。

人们又兴奋、又惊讶,七嘴八舌地议论道:"真是不可思议! 实在让人难以想象! 简直是见鬼了!"

午饭的时间到了,人们不情愿地散开了,费米独坐在实验室里,头脑中还思考着刚才的实验结果。

终于,费米从中悟出了一个道理,石蜡中的氢核,使中子速度减慢,使原子核更容易俘获中子,而发生裂变。使反应速度骤然加快的直接原因,是氢核的缓速(减速)作用。

费米激动地向伙伴们讲述了自己的推断,最后判决似的说:"可以这样说,任何其他含氢原子较多的物质,比如水,都应该产生同石蜡同样的效果!"

"水?"伙伴们惊讶得瞪圆了眼睛。

"是的,水,数量可观的水。"费米沉着地说,并提议马上到实验室后面的金鱼喷水池那里去做试验。

当天下午,大家一起动手,把中子源、计数器和银圆筒,从楼里搬到喷水池。实验结果完全证实了费米的预见:水也使中子减慢而使银的放射性增强。人们狂呼起来,这一切意味着原子物理又向前跨进了一大步。后来终于证明普通中子(快中子)进行核反应时产生的放射性元素不多,而用慢中子却可以激活百倍以上。

这时的费米已经把钥匙插进了原子能的大门,只需转动一下,大门就会打开了。然而,意大利法西斯的反犹太法令,直接株连费米夫人和他们的两个孩子。不管怎样,移居国外的问题已经紧迫地摆在费米一家人的面前了。1938年冬天,费米一家决定利用到斯德哥尔摩接受诺贝尔物理学奖的机会,摆脱墨索里尼的法西斯统治。1939年,他们踏上了美国的海岸。

这一年初,一个叫人震惊的科学发现传到美国:德国物理学家哈恩和斯特拉斯曼在柏林用慢中子轰击铀之后,发现核裂变过程中释放出大量的核能。由于当时正处于第二次世界大战期间,人们立即产生了一种紧迫感,甚至恐慌感。很显然,核裂变在德国被发现,很可能使德国人利用原子能制造出某种爆炸物。这对于像费米那样的一些刚刚逃离法西斯魔爪的科学家来说,更是忧心忡忡。

为了这一缘故,他们商定不再发表有关实验的论文。1939 年 7 月,美籍匈牙利物理学家西拉德等人,找到爱因斯坦,希望凭借他的名声给罗斯福总统写信,敦促美国政府马上研制核武器,赶在希特勒之前。8 月,几位在美国的科学家,由爱因斯坦签名,写信给罗斯福,陈述了铀裂变有可能被用来制造出威力空前的炸弹的问题,并特别提到了纳粹德国正在进行的工作,敦促罗斯福做出研制核武器的计划……

1941 年春,费米和西拉德等人以石墨作为减速剂,着手搞起一个小小的反应堆,初步积累了一些数据,解决了一些技术难题。

1941 年 12 月,日本偷袭珍珠港事件爆发,美国正式对日宣战。几天后又向德、意两国宣战。很快,意大利籍的物理学家费米变成了"敌国侨民"。若是在别的国家里,费米可能要被作为"间谍嫌疑"而受到监禁或处决,可是在美国他仍然在搞他的研究工作,只不过是自由旅行受到了限制。

站在巨人肩上——从卢瑟福谈原子核物理学

1942 年夏天，美国在英国、加拿大的协助下，全面开展了一个研制核弹的"曼哈顿计划"。费米的工作被纳入这个计划之中，奉命由哥伦比亚大学转移到芝加哥大学的"冶金实验室"。

"冶金实验室"是美国政府为了研制核弹而在芝加哥大学斯塔格运动场西看台下的网球场中，进行铀裂变实验室的代号。

研制一颗核弹，关键在于如何实现自持链式反应。在哥伦比亚大学已深入研究自持链式反应的费米，立即成了研制工程反应堆的总负责人。从 1942 年 11 月 14 日最终决定在斯塔格运动场看台下建造原子反应堆时起，不到三周，一个庞然大物就已经展现在人们眼前了。

1942 年 12 月 2 日，负责建造工程的安德森向费米报告：一切都准备好了，实验就要开始了。参加反应堆工作的全部科学家 40 多人，他们都在运动场北看台的阳台上。三个年轻人除外，他们的任务是站在反应堆顶，随时准备向可能失去控制的反应堆里灌注镉液，因为镉能吸收中子。

费米是全场唯一的指挥官。全场寂静无声，费米说话的声音显得格外响亮。实验分上下午两次进行，下午 3 点 20 分，当费米命令抽出控制棒时，反应堆达到临界点，人类历史上第一次核的链式反应开始自持地进行了……

费米主持的世界上第一座核反应堆的成功运转，标志着人类进入了原子能时代。

在反应堆里，铀原子受到慢中子的轰击，发生核裂变，产生大量的能量，可以用来发电，产生高温；当能量集中、短时间突然释放出来时，就产生大爆炸。

两年后，费米一家搬到了洛斯阿拉莫斯，这是美国"曼哈顿工程"的重要实验基地。为了争时间、抢速度，几乎所有物理学家都集中在这里，费米仍然是这一群精英人物中的精华。

1945年7月16日第一颗原子弹爆炸成功，它相当于20000吨TNT黄色炸药爆炸所产生的力量。8月6日和9日，两颗原子弹先后投在日本的广岛和长崎，数十万无辜的日本平民，死于原子弹的爆炸，成了科学发展造成的武器的牺牲品。这是20世纪科学家发展科学却又掌握不了科学的悲惨结果之一。

随着广岛和长崎悲惨景况的消息传来，费米决定尽快离开"战争科学"，回到基础研究。他返回芝加哥大学，从事核科学研究。费米培育了一大批优秀的核物理学家，其中包括来自中国的杨振宁、李政道，还有为数不少的一批后来闻名于世的物理学家。他们之中先后共有5名荣获诺贝尔物理学奖金。

晚年，费米主要把精力投入到基本粒子研究领域、高能物理和宇宙线等方面。正是他第一个正确地解释了介子和核子的相互作用,开拓了基本粒子研究的新领域。

1954 年,致命的病魔已经不知不觉地缠上了费米。由于费米长期从事放射性研究,在探索放射性的初期又缺少保护措施,因此患上了癌症。当切除肿瘤的手术失败以后,费米以平静、祥和的心情,迎接了死神的挑战。1954 年 12 月 9 日,费米停止了呼吸。

费米中年丧生,是人类原子能发展的巨大损失。他开创的原子反应堆技术,已经为全世界许多国家所掌握,和平利用原子能正在成为全世界人民的共同意愿。

如今,世界上原子能发电站正在为人们提供更多的光和热,深刻地改变着社会的面貌。

名句箴言

愿每次回忆，对生活都不感到负疚。

——郭小川

原子弹之父
——奥本海默

大地好像裂开了，云层好像扯破了。一轮巨大的、滚动的、可怕的、彩色的超级太阳，变幻着颜色，在几分之一秒钟内达到 3000 米的高度，并且转瞬升到了云层之上。

这是一次地球上前所未见的日出，它比一千个太阳还亮。山间猛兽看见了，立即钻进洞里，水里的动物看见了，顷刻潜入水底,再也不敢露出水面饱览大自然的风光……动物受惊了。人们看到后,更是毛骨悚然,坐立不安。

目睹者说,在最初的炫目闪光出现后几秒钟内,一片死一般的沉寂笼罩着大地,长在沙地上的荒野植物一动也不动。最先来到的是极其猛烈超乎寻常的大风——冲击波,它使劲地把人掀翻在地;接着从寂静中发出可怕轰鸣,像从未听见过的巨雷声滚滚而来,接着急促地在群山中回荡起来,就像最严重的地震摇撼着山岳的根基,一直持续几分钟;最后剩下的是一片巨大的蘑菇云状烟雾笼罩着大地。这一剧变来势之猛,仿佛世界的末日到了!

这是 1945 年美国在阿拉莫哥多爆炸世界第一颗原子弹的情景。从此,人间战争又增添了破坏力巨大的可怕武器,人类陷入了可诅咒的核威胁之中。原子弹虽该被诅咒销毁,但它的出现却标志着现代科学已步入了原子能时代。因此说,原子弹是现代科技史上一项极其重大的发明。

在制造第一颗原子弹中,贡献最大的就是美国著名科学家罗勃·奥本海默。由于他对原子弹的贡献卓著,被誉为"原子弹之父"。

罗勃·奥本海默,1904 年 4 月 22 日出生在美国纽约。他本是德国犹太人,后来移居到美国。父亲是美国有名的企业家,并喜欢建筑、绘画和音乐。母亲是美术教师,具有较高的绘画水平,并能弹一手好钢琴。

在父母的精心栽培和影响下,奥本海默从小就养成了勤奋好学善于思考的好习惯。奥本海默5岁生日那天,爸爸送给他一大包礼物——五颜六色、形状各异的化石。很快,奥本海默就被这包礼物迷住了。从此,他开始积极收集岩石标本,并与全国各地的岩石矿物学者通信。由于往返的信中写的都是专业术语,所以那些与他通信的学者谁也没有想到他竟是一个孩子。一位有名的矿物学教授推荐他参加人才荟萃的纽约矿物俱乐部。他12岁那年,就应邀到矿物俱乐部去做学术报告。

人们也许不会相信,奥本海默这个12岁的孩子竟能在老专家的面前做学术报告。这不奇怪,当时的人们也是不敢相信的。

那是1916年初夏的一天,在矿物俱乐部门前,站着一位穿着带有闪闪发亮铜纽扣的守门人,他正在严格检查参加会议的每一位进入矿物俱乐部里面的人员,里面坐着许多学者、专家等待学术报告会的召开。突然,一辆黑色的福特牌小轿车驶到矿物俱乐部门前,"嘎"的一声停了下来。守门人紧紧地盯着这辆轿车,只见一对中年男女从轿车中走了出来,男的个儿很高,身穿燕尾服,头戴大礼帽;女的身材匀称,穿着紫色的连衣裙。守门人以为这两个人一定是参加学术报告会的人,其实他们就是奥本海默的父母。车里面坐着的小孩才是真正做学术报告的人——罗勃·奥本海默。

"罗勃,下车吧!"他们下车后,奥本海默的父亲回头向车里轻声地喊道。奥本海默的头从轿车窗口里探了出来,他那一双充满稚气的大眼睛向金碧辉煌的大厅和那威严的守门人看了一眼,又把头缩了回去。

"罗勃,爸爸喊你哪!"他的妈妈对车里说,"勇敢些,我的儿子! 要知道,你是他们请来的客人呀!"

"妈妈,我有点怕。"奥本海默在车里说道,看来他不愿意下车。

"罗勃,你不是还要当探险家吗? 当探险家胆子可得大一点啊……"妈妈仍旧心平气和地说。

守门人聚精会神地看着,他不知道车里面坐的那个男孩就是奥本海默,所以更是好奇地注视着他们的举动。

男孩终于从小轿车里下来了,他的个儿不高,瘦瘦的,长得很白,一双大而机灵的蓝眼睛特别明亮,看上去只有 10 来岁。他穿着一套很讲究的礼服,里面是雪白雪白的衬衣。男孩下车后,他们三人一同走上台阶,向圆柱大厅的大门走去。

"尊敬的女士,先生!"守门人迎着来客向前移动了一小步,恭恭敬敬地鞠了一躬,说:

"请问,有听讲证吗?"

"有的,请看。"奥本海默的父亲从提包里取出两张听讲证,给守门人过目。

"可是,先生,今天这里举行的是庄严的学术会议,由高级学者演讲,您……"守门人一面很有礼貌地说话,一面用眼睛看了一下站在爸爸和妈妈中间的奥本海默。

显然,守门人是想说这样的会议是不允许带小孩进入的。但奥本海默的爸爸没有做任何解释,只是又从皮包中取出一张比听讲证大很多的金皮邀请书,给守门人看了以后,指着男孩说:"这是我的儿子罗勃·奥本海默,他就是被邀请来为今天的学术会议作报告的人。"

"啊!"守门人惊呆了。他不敢相信自己的眼睛,一个10多岁的孩子怎能作学术报告呢?但是,人家有证件,也只好放了进去。

是的,就是这一次他报告的学术论文"曼哈顿岛上的基岩",使他引起了美国学术界的注目。

父亲见到儿子智力发育迅速,就把奥本海默送进纽约伦理教化学校学习。这是一所专门培养有一定基础或有特殊才能的人的学校,在这所学校里,除数、理、化、文、史等基础课外,还有木工、缝纫等工艺课。在这里,奥本海默受到了全面、正规的训练,他非常勤奋努力,是全校有名的高才生。

1922年,18岁的奥本海默以优异的成绩毕业于伦理教化学校。父亲为了开阔他的眼界,让他去欧洲旅行。当时,奥本海默幻想以后当个建筑学家或矿物学家,因此,旅行沿途,他十分注意各国的建筑风格,像巴黎的艾菲尔铁塔、卢浮宫;希腊、罗马的古典建筑等等。同时,他还采集了很多矿石标本。

这一时期,原子物理、量子理论取得了突破性的进展。世界各国的一些著名大学、研究所纷纷传出了物理学家们探索原子世界取得重大进展的消息。微观世界的奥秘强烈地吸引了奥本海默,他深信自己也能为探索微观世界做出贡献。于是,他从欧洲旅行归来后,决定致力于原子物理学的研究。这一惊人的转向,使父母感到不安,父母多次劝说他,"你这样一来,以前的成绩就前功尽弃了,不利于你今后的发展……"说来也奇怪,以往特别听话的孩子,这回却变得有自己的性格了。是什么在起作用呢?母亲不解,父亲更是难以揣测。不错,是科学。是原子科学的魅力,使奥本海默改变了他的理想。

正是这种理想,使他很快考入著名的哈佛大学,攻读物理学。从此,使他一步一步地走进了原子王国。

由于他在童年就打下了良好的基础,又具有敏捷的学习才能和惊人的记忆力。所以,奥本海默仅用 3 年的时间就学完了 4 年的大学课程。1925 年,他大学毕业。翌年,去英国剑桥大学跟随卢瑟福继续深造。后来又受玻恩的邀请去哥丁根大学工作,在那里,他们两人共同发明了"玻恩—

奥本海默近似法"。

1927年,奥本海默在哥丁根大学获得博士学位。后又在莱顿大学和苏黎世大学任教两年。1929年,他回到美国,在加利福尼亚理工学院和加利福尼亚大学伯克利分校同时任教。1936年晋升为教授。1941年,他当选为美国科学院院士。

1939年夏,饱尝了法西斯苦头而移居美国的匈牙利物理学家西拉德等人,听到德国科学家开始讨论利用原子能,以及德国禁止它所占领的捷克出口铀矿石的消息时,非常担忧,强烈感到美国政府必须加强原子能的研究。

为此,西拉德等人找到著名科学家爱因斯坦,联名写出了致罗斯福总统的信。经白宫经济顾问萨克斯的劝导,罗斯福决定支持原子弹的研制。1942年8月,美国政府制定出了研究原子弹的计划:工作人员总数15万,耗资20亿美元,目标是赶在希特勒之前造出原子弹。为了保密,把这一计划取名为"曼哈顿计划"。

奥本海默参加了原子弹的研制工作。当曼哈顿计划制定出来后,奥本海默离开加利福尼亚州,到新墨西哥州的洛斯阿拉莫斯,负责原子能实验室的组织工作,主要承担设计制成原子弹的任务。当时,原子弹究竟应有多大,谁也不知道。他们主要寻找裂变材料发生爆炸的临界体积。裂变材料达到了临界体积,链式裂变反应才能维持下去;超过了临

91

界体积,中子数目就会像雪崩一样激增,在一瞬间引起巨大的核爆炸。同时,他们还必须保证,设计的炸弹不能超过当时美国最大的B—29轰炸机的载重量,以便用飞机进行投掷。他带领全体科研人员在黑暗中摸索、试制,再试制……

1943年,他被正式任命为曼哈顿工程的主持人,他亲自挑选了著名物理学家费米、玻尔等一些一流的学者、工程师参加这一工作。

由于当时第二次世界大战正在进行,国无宁日,几乎整个人类都被浓烟笼罩起来。人们多么希望和平,过上幸福安宁的生活。这些科学家更是焦急万分,他们时刻担心希特勒统治下的德国造出原子弹,使战争的火焰加剧,因此,他们夜以继日地紧张工作,正是这种紧迫感融进了科学家的智慧,才使原子弹在两年内就升入了星空。

研制原子弹是一项涉及到数学、物理、化学和工程技术等许多学科的复杂工作,参加曼哈顿工程的第一流科学家和工程师就有2000多人,真可谓是人类智慧的汇集,科学知识的爆炸。然而,在开始研制原子弹时,除了哈恩、斯特拉斯曼和梅特涅的论文,表明用慢中子轰击铀—235,进行裂变反应,可以得到巨大的能量外,原子弹什么样?怎样获得爆炸用的核燃料?怎样引爆?以及很多技术细节都一无所知。这一切给原子弹研制的组织、领导工作和科学家们带来了极大的困难。

原子核物理学的大发展

奥本海默首先让费米领导一个小组，负责筹建原子反应堆，以获得铀－235；让劳伦斯负责筹建电磁同位素分离器，从天然铀中分离铀－235；让尤里负责用"气体扩散法"生产浓缩铀－235。我们知道，天然铀中主要是铀－238，它不能进行裂变反应，只有从天然铀中把少量的铀－235分离出来才能做原子弹的炸药。奥本海默采取三管齐下，以便早日拿到炸药。同时，他让一位兵工厂的著名工程师立即着手设计原子弹。

奥本海默在积极组织科学家、工程师研制原子弹的同时，还密切注意德国的动向，多次向国防部建议去轰炸德国的重水工厂等原子研究设施。

曼哈顿计划是人类有史以来第一次大兵团作战，集体攻克科学难关。由此总结的经验对后来的人造卫星、登月计划等都很有帮助。这项宏大计划的顺利完成是与奥本海默的努力分不开的，1946年，他被授予梅里特国会勋章，人们开始称他为"原子弹之父"。

当奥本海默目睹原子弹爆炸成功的情景时，他热泪盈眶……然而，当他得知原子弹落在日本广岛和长崎市，伤亡空前惨重的消息时，又是追悔莫及、十分伤心。不管怎样，"曼哈顿计划"成功地研制出世界第一颗原子弹，使哈恩和斯特拉斯曼发现的核裂变得以具体实现。这为核电站的建造奠定了基础，为人类利用巨大的核裂变能，解决世界能源问题开辟了新的途径。

1947年至1966年，奥本海默被任命为普林斯顿高级研究院院长，从事量子物理和核物理研究及组织领导工作。1948年，他当选为美国物理学会主席。1946年至1952年，他任美国原子能委员会的一般委员会主席，也是美国政府的原子能首席顾问，还是美国驻联合国原子能委员会代表团的科学顾问，他曾参与了联合国原子能控制巴鲁克计划的起草工作。

1963年，美国总统约翰逊授予他美国原子能委员会的最高荣誉——费米勋章。

1967年奥本海默由于多年从事核的研究工作，患了咽癌，2月18日，他在美国新泽西州的普林斯顿逝世。

人们不会忘记，第一颗原子弹的爆炸成功，把人类科学技术推进到了原子能时代。

原子核是比原子更深一个层次的物质结构。原子核物理学研究原子核的性质，它的内部结构、内部运动、内部激发状态、衰变过程、裂变过程以及它们之间的反应过程。在原子核被发现以后，曾经以为原子核是由质子和电子组成的。1932 年，查德威克发现了中子，这才使人们认识到原子核是由质子和中子组成的。质子和中子统称为核子，核子在原子核中的结合能远大于电子在原子中的结合能。

查德威克因发现中子于 1935 年获诺贝尔物理学奖

中子不带电,质子带正电荷,因此质子间存在着静电排斥力。万有引力虽然使各核子相互吸引,但在两个质子之间的静电排斥力比它们之间的万有引力要大到约 1036 倍。显然,将核子结合成为原子核的既不可能是电磁相互作用,也不可能是万有引力相互作用。自然界一定存在第三种基本相互作用——强相互作用。人们将核子结合成为原子核的力称为核力。核力来源于强相互作用,在宏观物理现象中,能够直接观察到万有引力和电磁力,因为它们是长程力;但从未能直接观察到核力,因为核力是短程力。从原子核的大小以及核子和核子碰撞时的截面估计,核力的力程约为 $10\sim13cm$。

地球上的原子核绝大多数是稳定的,只有一些质量很大的原子核在没有外来影响下能自行转化为质量较小的其他原子核。在这种自行转化的过程中会放出射线。放出的射线有三种:一种由波长很短、能量很高的光子组成,相应的转化过程是由电磁相互作用产生的;第二种射线由氦原子核组成,相应的转化过程是强相互作用和电磁相互作用结合产生的;第三种射线由电子组成,在相应的转化过程中还同时放出一种叫作中微子的粒子。中微子不带电,质量非常小,几乎等于零。中微子和物质的相互作用非常弱,直到 20 世纪 50 年代才在实验中被探测到。因此，自然界还存在着一种远较电磁相互作用更弱的第四种基本相互作用——弱相互作用。原子核放出电子和中微子的过程是由弱相互作用导致的。所有能自行转化并放出射线的原子核统称为放射性原子核。这种转化过程称为衰变过程。

原子核主要由强相互作用将核子结合而成，当原子核的结构发生变化或原子核之间发生反应时，要吸收或放出很大的能量。一些很重的原子核（如铀原子核）在吸收一个中子以后，会裂变成为两个较轻的原子核，同时放出二个到三个中子和很大的能量。两个很轻的原子核也能熔合成为一个较重的原子核，同时放出很大的能量。这种原子核熔合过程也叫作聚变。

粒子加速器的发明和裂变反应堆的建成使人能够获得大量能量较高的质子、电子、光子、原子核和大量中子，用以轰击原子核，以便系统地开展关于原子核的性质及其运动、转化和相互作用过程的研究。

高能物理研究发现，核子还有内部结构。核子的半径和原子核的半径都是 $10 \sim 13cm$ 数量级，因此原子核的内部结构很难和核子的内部结构截然分开。

原子核结构是一个远较原子结构为复杂的研究领域。目前，已有的关于原子核结构，原子核反应和衰变的理论都是模型理论。其中一部分相当成功地反映了原子核的客观规律。原子核的实验研究和理论研究仍在探索和发展之中。

原子核物理的研究已经产生了重要的社会效果。1kg 铀裂变时所释放的能量相当于约 2 万吨 TNT 炸药爆炸时所释放的能量。这就是原子弹爆炸和核发电站中的关键物理过程。1kg 重氢原子核聚变为氦原子核所释放的能量还要大几倍。氢原子核聚变为较重的原子核并释放能量的过程,就是太阳几十亿年来大量放光、放热的能量来源,也是热核爆炸的能量来源。海洋中有几乎取之不尽的重氢,假使能使重氢的聚变反应有控制地进行,那么能源问题就将得到较彻底的解决。由于放射性同位素所放出的射线穿透力很强,能产生各种物理效应、化学效应和生物效应,这些射线又容易探测,因此放射性同位素在工业、农业、医学和科学研究中已经有广泛的应用。

原核子物理学的新发展

对人不尊敬，首先就是对自己的不尊敬。

——惠特曼

名句箴言

热核聚变与氢弹

1915 年美国化学家哈金斯提出，氢原子聚变为氦原子的过程中，其质量的 0.5％转变为能量。具体机制是，在数百万度高温的条件下，氢原子核——质子具有很高的能量，足以使它们彼此熔合在一起。这样，两个质子结合到一起，发射出一个正电子和一个中微子，变为一个氘核。然后，这个氘核再同一个质子熔合,形成为一个氘核。这个氘核可以再和一个质子熔合,从而形成氦－4,两个氘核也可以相互结合成一个氦－4。

但是,这种氢原子核聚变生成氦原子核的反应,必须在极高温度的激发下才能发生,也就是必须有足够的热能引起聚变链式反应,所以把这种反应叫作热核反应。

当时,在地球上还没有得到数百万度高温的办法。人们认为,只有一个地方存在着引发这种氢核聚变所必需的高温条件,这就是恒星的中心。

1938年,在美国工作的德国物理学家贝特提出,聚变反应是恒星辐射发光能量的源泉。在恒星中发生的第一种轻核聚变是氢－氦循环,第二种轻核聚变是碳－氮循环,两种循环本质上都是一样的,即质子变为氦核。贝特和克里菲尔德一起计算氢－氦循环和碳－氮循环,理论值与观测值符合。贝特指出,氢原子核聚变反应对温度很敏感,在一颗恒星中究竟是氢－氦循环还是碳－氮循环占主导地位,主要取决于这颗恒星内部的温度。

一般地说,在数百万度温度情况下,氢－氦循环占主要优势,例如,太阳和不太亮的恒星中,就是这种循环的核聚变反应发光;在比较亮和比较大的恒星上,内部温度更高,达数千万摄氏度乃至数亿摄氏度,此时碳－氮循环是主要的。贝特提出的这一恒星发光理论,很好地解释了恒星发光原因,成为科学家普遍接受的一种理论。贝特因此项成果而荣获1967年诺贝尔物理学奖。

当时的科学家都希望获得像太阳发光那样的高温,以便实现轻核聚变而获得大量的能量。

1945年,原子弹爆炸成功,使人们寻找到产生数百万度高温的途径,使核聚变的引发变为可能的了。

具体说来,就是把铀核裂变原子弹作为能量足够大的雷管,通过原子弹爆炸产生的高温引发氢聚变为氦的链式反应。但是人们怀疑这种方式能否用于制造炸弹。首先是氢燃料氘和氚的混合物,必须压缩成高密度的状态,就是把它液化成液体,并保持在接近绝对零度的低温贮存器中。也就是说,氢弹必须是一个巨大的制冷器。还有一个问题,即使能够制造出威力比原子弹还大的氢弹,有什么用呢?已有的铀、钚重核裂变炸弹的破坏力已经够大了。

在美国,从1942年起,就产生了用原子弹引爆氢弹的设想,并打算制造威力更大的氢弹。由于支持研制氢弹和反对研制氢弹的意见长期激烈争论,一直相持不下,直到1950年1月31日,美国总统杜鲁门才最后决定研制氢弹。当时,他采纳了国家安全委员会氢弹特别小组委员会决定研制氢弹的报告。这个报告是长期争论和最后表决的结果,氢弹特别小组委员会在投票表决时,国务卿艾奇逊和国防部长史汀生赞成,美国原子能委员会主席季兼达尔反对,结果是2比1

通过。季兼达尔也因此不再担任原子能委员会主席，由狄恩接替他的职位。

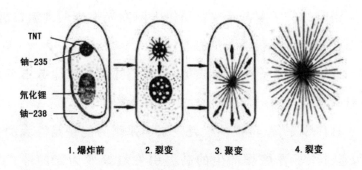

TNT
铀-235
氘化锂
铀-238

1.爆炸前　　2.裂变　　3.聚变　　4.裂变

氢弹爆炸过程示意图

美国氢弹的研制工作由新上任的原子能委员会主席狄恩和美籍匈牙利科学家泰勒负责，狄恩负责组织管理和物资保障等工作，研制生产的技术工作由泰勒主管。美国为了研制氢弹，在萨湾拉河岸边建立了一个巨大的核反应堆，以生产氢燃料氚和引爆燃料钚，这个计划称为"萨湾拉河计划"。

1951年5月8日，氢弹原理试验准备工作一切就绪，这次试验的代号为"乔治"，在太平洋的一个岛上进行。65吨重的裂变—聚变装置放在60多米高的钢架上，由笨重的冷却系统机器包着，以便在极端低温条件下保存氘与氚的混合物成密度较大的液体状态。试验结果证明，氢弹的爆炸威力大大超过原子弹（核裂变炸弹）。

氢弹爆炸原理试验成功，大大推进了制造真正氢弹的工作。

原子核物理学的新发展

1952 年 10 月，美国第一颗氢弹研制成功，并于 1952 年 11 月 1 日进行了世界上第一颗氢弹的爆炸试验，这颗氢弹起名为"麦克"。试验在太平洋马绍尔群岛的一个小珊瑚岛上进行，氢弹还是安放在钢架上。试验成功了，而所有不祥的预言也都应验了：其爆炸威力相当于 1000 万～1500 万吨 TNT 炸药，比美国投在日本广岛那颗原子弹大 500 倍；爆炸产生的巨大火球直径达 6000 米；这次爆炸把这个小珊瑚岛一扫而光，而且在海下炸出一个直径 1600 米，深 50 米的弹坑。

前苏联也不甘落后，1953 年 8 月 12 日，成功地进行了热核爆炸，这颗氢弹重量不大，可以用飞机运载，其战略意义是相当大的。前苏联首先用氘化锂等氢核燃料做成干的氢弹（不再需庞大的制冷机械保持氘和氚为液态），这在美苏核武器竞赛中，显然处于优势地位。

1961 年 10 月 30 日，前苏联在新地岛进行了世界上最大的氢弹试验，其爆炸威力相当于 6000 万吨 TNT 炸药。这颗氢弹爆炸后，产生的冲击波绕地球转了 3 圈，头一圈的时间是 6.5 小时。

在这次试验之后，前苏联声称已经能够生产 1 亿吨级的氢弹，用这样一颗氢弹投到那里，那里都能够炸出一个直径 30 公里的弹坑，使方圆 60 公里之内顿时形成一片火海。胆小的人听了这些话恐怕会吓坏了。

中国自 1964 年 10 月 16 日爆炸第一颗原子弹成功以后，氢弹研制工作也加快了，1967 年 6 月 17 日，成功地爆炸了第一颗氢弹，巨大的蘑菇云又一次冲销了美苏两国核垄断的幻梦。

难道热核反应放出如此巨大的能量，只能用来制造毁灭性的武器吗？可不可以用于和平目的呢？

这个问题很简单，但是解决起来并非容易。氢弹爆炸所发生的聚变反应是由原子弹爆炸产生高温引起的，是不受控制的链式反应。要想用在其他场合，就必须使氢原子核的聚变反应受适当的控制，这是使科学家们感到很棘手的问题。

早在 20 世纪 50 年代初研制氢弹的同时，许多国家的科学家就着手研究受控热核反应。要想使氢发生核聚变，必须使核与电子分开，形成等离子体。但是，由于当时对产生聚变反应的高温等离子体认识得不深入，使受控热核聚变研究遇到很大的阻力，甚至一度认为是不可克服的困难。因此，到 50 年代末期，受控热核反应研究相对来说比较消沉，主要是寻找基本理论根据和物理实验研究工作。

经过 10 余年的努力，科学家们在约束时间的研究工作中有了不小的进展。1969 年，前苏联使用托卡马克三号（环流器）装置，把密度只有空气百万分之一的氘在几千万度的高温下保持了 0.01 秒。别看这个时间很短，但对核聚变反应来说，已经是相当长了。

目前,受控热核聚变的研究正沿着磁约束和惯性约束两条途径进行,而且都取得了可喜的成果。1972年,美国科学家尼柯尔斯和华德等,提出激光聚爆的具体方案;1978年,美国普林斯顿大学等离子体物理实验室的大型环流器,用注入高能中性粒子束的方法加热等离子体,大大提高了等离子体的温度,这使很多研究者受到极大的鼓舞,说明受控热核聚变点火温度已不再是可望不可即的了。然而要完全实现聚变核反应释放出能量的实际应用,还有大量的具体工作。

美国媒体近日报道，世界上第一枚氢弹的设计者并不是人们一向认为的"氢弹之父"爱德华·特勒，而是另一位不为人知的科学家——当时年仅23岁的加温。是什么原因使真相一直不为人知？为何科学家们对此故意隐瞒？

一、第一枚氢弹的秘密

2003年9月，著名核科学家、被誉为"氢弹之父"的爱德华·特勒去世。在晚年一次心脏病发作时，特勒感到自己危在旦夕，便决定把多年来让他寝食难安的关于第一枚氢弹的秘密告知世人。于是，他找来朋友录下了遗言：世界第一枚氢弹的第一次设计是由20多岁的年轻人加温进行的。随后，为不让人们产生误解，他又把这句话重复了一遍。

爱德华·特勒

二、顾虑重重，制造氢弹起争议

自 20 世纪 40 年代初以来，爱德华·特勒就一直在进行核武器的理论研究。1945 年初原子弹研制成功后，他便从理论上考虑氢弹研制的可行性。他当时的基本想法是：通过引爆原子弹生产高热，点燃氢燃料，把原子融合在一起，产生更大核能的爆炸。然而，如何把这个理论付诸实践，在洛斯阿拉莫斯实验室没有人探索。

1951 年初，特勒与洛斯阿拉莫斯实验室的数学家乌拉姆发生了争论。不久，一个新的计划出炉。根据计划，实验室将建造一个巨大的圆桶形的外壳，里面两端分别安放一枚小型原子弹和氢燃料。然而，当时谁也不清楚这个想法是否切实可行。由于特勒和乌拉姆的矛盾，氢弹研制的可行性研究进行得极为缓慢。

当时，核科学家们对氢弹的研制还存在严重顾虑。

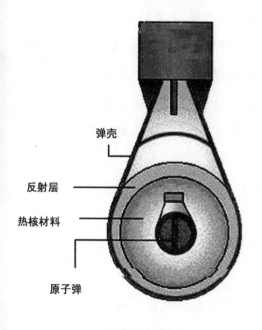

弹壳

反射层

热核材料

原子弹

氢弹原理图

他们认为,从理论上来说,氢弹威力无比,而且,其核燃料很便宜,核当量可以按照设计进行调节。但是一旦失控,氢弹将可能成为人类的"末日武器"。通过计算发现,威力无比的氢弹可以将地球大气层摧毁,如果它在大洋上爆炸,掀起的海浪将可能把整个地球淹没。于是,关于制造氢弹的争论极为激烈。

三、加温到来,首枚氢弹计划出炉

1951年5月,23岁的加温博士从芝加哥大学来到洛斯阿拉莫斯实验室。在大学时,加温就是顶尖物理学家费米实验室的高才生。加温回忆,他来到洛斯阿拉莫斯实验室后,特勒就告诉了他有关氢弹的理论,并让他设计一个实验型氢弹,以证明氢弹理论的可行性。而在这之前,实验室的同行们曾多次努力,但都没有成功,因此备感疲惫。

经过与其他物理学家和工程师们磋商,加温于1951年7月底拿出了氢弹的初步设计方案。实验室拿到他的设计方案后,要求他不要随便对外谈论氢弹的设计。随后,他又进一步完善氢弹的设计方案。在完成氢弹的设计后,当年秋天他便回到了芝加哥大学的实验室。

爱德华·特勒的录音也证实了加温的说法。他说,取得有关氢弹的主要理论的突破,他整整花了10年时间。

然后,他把这一理论告诉了费米的杰出学生加温,让他去搞一个具体的氢弹设计。加温确实设计出了世界第一枚氢弹。当时,加温的氢弹设计遭到了一些科学家的批评,但最后还是经受住了考验。加温回到芝加哥大学后,洛斯阿拉莫斯实验室的朗迈尔和罗森布鲁特继续进行了第一枚氢弹的详细设计。1951年12月,特勒对氢弹的进展进行了检查,发现"氢弹的计算结果与他的理论预期几乎完全一样","设计几乎没作什么改变"。因此,"就我而知,氢弹的准备工作是由加温完成的"。

两年后,在举行的一次科学家聚会上,特勒和加温都应邀参加。特勒提到这位年轻人时曾说道,"氢弹的爆炸几乎是很精确地按照加温的设计进行的。"

四、为冷战,美国政府隐瞒真相

1952年初,世界第一枚氢弹的设计工作完成。随后,美国开始按照设计方案建造了世界上第一枚氢弹。1952年10月31日,世界第一枚氢弹在太平洋马绍尔群岛一个环礁上成功爆炸,核当量高达1000万吨,相当于700枚广岛原子弹,把一个直径1.6公里的小岛活生生地炸没了,燃起的火球直径就超过了5公里。

世界上第一枚氢弹在马绍尔群岛爆炸

几十年来，人们谈及氢弹时，一般都只提爱德华·特勒，而很少提到加温。而这正是美国政府需要的。冷战时期，美国为了与苏联竞争，保持对核武器技术的垄断，故意把核武器的秘密隐藏了起来，让对手无法知道真相。

加温则一直保持沉默。在有人谈到"氢弹之父"称赞他为氢弹首位设计者时，他总是很谦虚地说："我虽然参加了氢弹工程，但只是设计者之一，是氢弹的'助产婆'。"

五、赞扬与怀疑，众说纷纭

20世纪80年代初，爱德华·特勒赞同美国政府搞"星球大战"计划，而加温却极力反对。两人思想遂逐渐走向对立。1995年，美国著名作家罗兹著书称，特勒实际上延缓了第一枚氢弹的研制,同时指责特勒平时不提加温在第一枚氢弹研制中的作用是故意的。

其实,关于究竟谁最先产生研制氢弹的想法,又是谁首先设计了氢弹,这些问题在美国一直存在争论。颇具争议的"氢弹之父"爱德华·特勒公布加温为第一位氢弹设计者的举动得到了一些历史学家的赞扬。氢弹工程的另外一名专家基德尔博士更是说:"这是令人激动的,也是令人可信的。我敢说,这是极其准确的。"

罗森布鲁特虽然对自己在研制第一枚氢弹中的作用被低估感到不满,但他也承认说:"加温在氢弹研制中的作用是独特的。他是不同领域核专家之间的桥梁。"

不过,也有历史学家提出了怀疑:这会不会是特勒的一个阴谋?他之所以抬高加温的威望,只是想借此贬低竞争对手数学家乌拉姆在研制世界第一枚氢弹中的作用。

名句箴言

一个人的真正伟大之处就在于他能够认识到自己的渺小。

——保罗

和平利用原子能之路

第二次世界大战末期,美国向日本广岛和长崎投下原子弹,造成巨大的杀伤和破坏,迫使日本迅速宣布无条件投降,显示了原子能的巨大威力。但是,两颗原子弹杀伤的数十万人,几乎都是无辜的和平居民,因此也引起了全世界人民的强烈反应,更多的人开始觉醒,反对使用原子武器的正义呼声日益高涨。

原子弹爆炸时，核裂变的主要发现者哈恩正在英国受监禁，他听到这个消息时几乎惊呆了，他根本没想到他的科学发现竟被用来制造超级杀人武器，这种可怕的后果令他心情无法平静。

当初，爱因斯坦、西拉德、泰勒、维格纳等科学家，建议美国研制原子弹的目的，是为了避免纳粹德国抢先生产和使用原子弹而给人类造成无穷的灾难。可是，到 1945 年初，他们确知德国根本没有研制原子弹时，便又转而担心美国使用原子弹去轰炸别的国家。于是爱因斯坦、西拉德、维格纳等科学家积极为反对原子弹而奔忙，他们写信给美国总统，联名上书给国防部长，给白宫写紧急请愿书，呼吁反对原子弹。然而这些科学家的行动无济于事，原子弹仍然问世并用于战场，造成日本 50 万和平居民的巨大灾难。

1945 年 12 月 10 日，爱因斯坦在纽约纪念诺贝尔的宴会上发表演说，希望以此唤起科学家的社会责任感，努力为争取世界和平、社会进步和人类福利而研究科学。

原子能的和平利用始于第二次世界大战之后。1951 年，美国在爱达荷州建成一座增殖反应堆，12 月 20 日这座反应堆释放的核能第一次发出了电力。这次实际试验证明，原子核能发电是可行的。

1954 年 6 月 27 日，苏联在奥布宁斯克建成世界上第一座原子能发电站，这座核电站的反应堆是浓缩铀石墨水冷却堆,热功率3万千瓦,发电功率5000千瓦。虽然5000千瓦并不很大,但它揭开了人类和平利用原子能的新纪元。

1956年10月17日,英国的考尔德·哈尔核电站投产运营,它的核反应堆是天然铀石墨二氧化碳气冷堆,发电功率为9万千瓦;1958年5月26日,美国威斯汀豪斯公司在宾夕法尼亚州的希平波特建成一座小型民用核电站,发电功率为6万千瓦。此后,法国和其他一些国家也先后建立核电站,开始了大规模利用原子能发电的新时期。

到20世纪80年代中期,全世界有30个国家的400余座核电站营运发电,装机总容量达2.5亿多千瓦。而且专家们估计,今后核电在能源中的比重会越来越大,它是一种最有前途的能源。

核电站之所以能迅速发展起来,首先是因为核电能源强大。我们拿核能与化学能做个比较,1公斤混合好的碳和氧发生燃烧变成一氧化碳会放出920千卡的能量,而1公斤汞原子核裂变则放出100亿千卡的热量,核能比化学能大1000万倍。据计算1公斤铀-235原子核完全裂变释放的能量,相当于3000吨煤燃烧的能量。这么高的能量是从哪里来的呢?科学家们已经知道,这些能量是由质量转化来的。根据爱因斯坦的质能关系式,可以计算出核反应能量的大小。例如,重原子铀核裂变时,有0.1%的质量转化为能量,1公斤铀裂变放出的能量为10^{15}焦耳。

　　从经济的角度看,核电是一种廉价的能源。早期的核电站,由于功率小,基本建设投资较大,成本比较高。但核电站的燃料和运行费用比较低,因此,核电站功率越大越经济,成本也越低,一般都要在 100 万千瓦以上。到了 20世纪 80 年代,由于大功率核电站技术已经成熟,其发电成本已经比一般的火力发电低 30％左右。普通火力发电站仅燃料煤的运输和贮存就要花费不小的资金,而核电站的燃料用量少、体积小、重量轻、贮存和运输都相当方便。正因如此,核电站可以建造在运动的装置上,如核电驱动的舰船等。

　　从燃料资源来看,核电站所用的燃料铀,在地壳中是一种相当普遍的元素,平均每吨岩石中有 2 克铀,比黄金多几百倍,只是分散而已,现已勘察有开采价值的铀矿储量几百万吨。海洋中含铀更多,有数十亿吨,从海水中提取铀的方法也已研究出来。还有元素钍等,也可以用作核电站的燃料。

　　从环境保护的角度来看,核电是一种最干净的能源。普通火力发电厂以煤为燃料,煤在燃烧过程中生成大量的二氧化碳,这就加剧了地球的温室效应;石油燃烧时,除放出二氧化碳之外,还有氧化氮和二氧化硫等有害气体,不仅严重污染空气,还能造成酸雨。核电站利用核反应堆释放的热能,使水变成高温蒸汽,推动蒸汽轮机旋转,从而带动发电机发电。核电站反应堆使用的燃料铀,裂变的最终产物是钡和氪,这一过程几乎不产生任何有害气体和烟尘,因此,只要正常运转,核电站就很少对环境造成污染。前不久,国际原子能机构总干事布利克斯指出,如果我们这个世界既想满足能源需要,又不至于威胁自然环境,就必须更多地使用核电。

既然原子弹的爆炸威力那么大,核电站会不会爆炸呢?这就是核电站的安全问题,也是核能利用的首要问题。核电站的反应堆与原子弹不同,反应堆的中心部分是活性区,它由燃料棒、减速剂、冷却剂和控制棒组成,活性区外包着石墨反射层,再外面是水和水泥制作的保护层,还有其他安全保护装置和自动报警、自动控制等装置。这就是核电站防止核泄漏和爆炸事故的安全措施,我们可以称之为"层层设防"和"自动保安"。反应堆里的每根燃料棒重量受到严格限制,如果使用纯铀就不得超过 260 克。核裂变反应自始至终受到严格控制,整个反应过程既不过快,也不过慢或停止,而是保持在一定水平上进行。

反应堆中,每根燃料棒彼此被减速剂和控制棒隔开,减速剂的作用是使核裂变产生的快中子能量减小而变为慢中子,因为快中子很容易在击中铀核之前就飞出去,只有慢中子才能有效击破铀原子核。1 个快中子撞击 200 个碳原子或 50 个重氢原子后变为慢中子,纯碳石墨和重水是常用的减速剂。冷却剂的作用是保持反应堆内的温度不致过高,以免烧坏或造成熔堆事故,同时把核裂变释放的热能输送出去。水、重水、二氧化碳等都可用做冷却剂,如果用水作冷却剂,可以直接变成高温蒸汽去推动汽轮发电机发电。

控制棒能吸收中子,它用金属镉做成,所以也叫镉棒。如果把镉棒插入反应堆孔洞很深,它就会吸收大量中子,使核裂变速度放慢,甚至完全停止;把镉棒拉出来一些,则会有较多的中子自由活动,使反应加快。通过改变镉棒插入的深度,来调节自由中子的数量,达到控制核裂变链式反应速度的目的,这就像管道阀门控制气体和液体流量一样。因此,正常运转的核电站不会爆炸。

虽然,核电站也不时发生各种事故,有时是严重事故,例如,1979 年 3 月 28 日美国三里岛核电站的泄漏和 1986 年 4 月 26 日前苏联切尔诺贝利核电站爆炸等等。但是,事故使人们接受经验教训,变得更聪明、更科学,使核电站技术更成熟,运行更安全可靠。因此,核电站的发展越来越迅速,核能的利用越来越安全。

名句箴言

心灵纯洁的人，生活充满甜蜜和喜悦。
——列夫·托尔斯泰

超铀元素的人工合成

现在，化学元素周期表中一共有109种化学元素，排在第92号元素铀以后的元素称为超铀元素。迄今发现的绝大部分超铀元素，都是人工合成的放射性元素。

20世纪30年代初，化学元素周期表中最后一个元素是铀。

1934年，意大利出生的美籍物理学

家费米提出,铀不是元素周期表的终点,应当有原子序数大于 92 的超铀元素。

1940 年,美国科学家麦克米伦等利用中子照射氧化铀薄片,发现了第一个人工合成的超铀元素——第 93 号元素镎,从此开始了人工合成超铀元素的新时代。

紧接着,美国化学家西博格又发现了第 94 号元素钚,麦克米伦和西博格两人都因对超铀元素的发现和研究而荣获 1951 年度的诺贝尔化学奖金。

后来,科学家们发现,镎和钚在自然界中也有存在,主要是在铀矿中。然而,天然铀矿中的镎和钚含量微乎其微,供研究和应用的全部超铀元素几乎都由人工方法合成。

人工合成超铀元素的主要途径有两大类核反应。一类是中子俘获反应,它以铀原子核为起始核,利用一次或几次俘获中子的核反应,再经过一次或几次 β 衰变,使铀原子核所带的正电荷,即核电荷——原子序增加 1 或几,从而获得超铀元素。例如,在原子核反应堆中铀核经中子长期照射,逐步俘获中子并进行 β 衰变后生成钚,再以钚制备镅、锔、锎等,直至生成 100 号元素镄。

另一类是带电粒子核反应。由加速器产生的高能粒子轰击作为靶子的元素(靶元素),形成激发态的复合核,然后通过蒸发失去一定数目中子即可得到比靶元素更重的元素。早期合成超铀元素研究中,多用加速的 α 粒子等较轻粒子轰击相应的靶元素。但由于无法生产出可称量的超过 100 号的元素,所以 102 号以后的元素,都是选择适当重量的较重离子(如碳、氧、氖等)来轰击作为靶的重元素。例如,1970年,美国用加速到 85 兆电子伏的高速氮－15 核轰击 60 微克作为靶元素的锎－249 核,得到 105 号元素。

通过人工方法合成超铀元素,原子序越大,自发裂变概率越大,半衰期越短。例如,101 号元素钔同位素中半衰期最长的 56 天,而 106 和 107 号元素的半衰期不足 1 秒,这就给更重的元素合成和鉴定带来严重困难。目前,世界上人工合成超铀元素每年产量,钚为几吨,镎、镅、锔为数十公斤,96 号以后的元素更少,每年全世界人工合成的 98 号元素锎仅有数十克。对原子序大于 100 的元素,人工合成产物低得可怜,一次实验往往只能产生几十个甚至几个原子。例如,1955 年第一次合成 101 号元素钔时,用加速的高能 α 粒子轰击第 99 号元素锿－253 核,3 个小时才产生 1 个钔－256 原子。好在科学家们已经发明了高度灵敏的辐射探测仪器并掌握了非常高超的辐射探测技术,他们在仪器上安装了一个警铃,只要有一个钔原子生成,它衰变时放射出的标识辐射就会使警铃发出很响的声音,证明钔原子的存在。

1982 年,联邦德国达姆斯塔特国立重离子研究实验室用加速器进行合成新元素试验,他们以铁－58 为子弹,以铋－209 为靶子,用铁－58 轰击铋－209。由于两种原子核发生聚变反应的机会很小,几率仅为十万亿分之一,即 10^{-14},科学家们进行了长时间耐心的实验,经过一个星期的等待,最后才合成了 109 号元素的 1 个原子。

从 1940 年以来,全世界已经用人工合成的方法,制得了从 93 号到 109 号的 17 种超铀元素、160 多种同位素。其中,第 99 号元素锿和第 100 号元素镄,都是 1952 年美国在比基尼岛上进行热核实验(氢弹爆炸)中获得的。在人工合成超重元素方面,美国、前苏联和欧洲科学家做出的贡献最多。1964 年,前苏联报道合成了 104 号元素;1969 年,美国也报道合成了 104 号元素;1967 年,前苏联报道合成了 105 号元素;1970 年,美国也报道合成了 105 号元素。前苏联和美国分别为这两个元素命名,引起激烈争论。后来,国际纯粹和应用化学联合会(无机化学命名委员会)规定从 103 号以后的元素命名,以拉丁文和希腊文数词连接起来,加词尾表示,元素符号采用各数词第一个字母连接起来表示。从此,元素命名就不再争论了。

人工合成的超铀元素对核能的发展和利用有重要意义。钚—239 是反应堆和核电站的重要燃料;钚—238 用于制造心脏起搏器;钚—238、锔—242、锔—244 用于制造气象卫星和航天技术上的热电源;锎—252 用做体积小、产额高的自发裂变中子源。此外,人工合成超铀元素对探索物质结构、元素起源、寻找更重的超铀元素,扩展元素周期表等都有重要的理论意义。

1965 年,物理学家从理论上预言,可能存在质量数比现有重原子核大得多的超重核,而且还相当稳定。

迄今已经发现人工合成的元素有 109 种,同位素或核素的数目达到 2000 种以上。如果以核内中子数为横坐标、质子数为纵坐标,把所有稳定的和放射性核素都标示在坐标图上,就可以明显地看出,自然界中已知的稳定核素都聚集在中子数接近质子数的一定范围内,平面图上称为稳定线或稳定带;在立体图中,如果把不稳定核素分布的区域称为海洋的话,则可把稳定核素分布的区域称为稳定半岛。

这个稳定半岛是高低不平的,它表示核的稳定程度不同。1948 年,美籍德国物理学家梅耶夫人和德国科学家詹森分别独立地发现,当核内的质子数和中子数为 2、8、20、28、50、82 和 126 等数时,原子核就稳定,这就是著名的幻数理论。梅耶夫人和詹森进一步研究原子核的壳层理论,并于1963 年荣获诺贝尔物理学奖金。核内质子数和中子数为幻数时,核就处于稳定的山峰地带,该同位素的丰度也较大。例如氦—4 的质子数和中子数都是 2,氧—16 质子数和中子数各为 8,铅—208 的质子数 82 而中子数为 126,它们都是双幻数核,特别稳定,锡—120 的质子数为 50 而中子数为 70,是半幻数核,处于稳定半岛的边缘,质子数和中子数都不是幻数的核,最不稳定,其数值与幻数相差越大越不稳定,而处于远离稳定半岛的海洋中。这些不稳定的原子核可以通过 β 衰变、α 衰变等过程,使其中子、质子数趋近或完全变成幻数,成为稳定核,进入稳定半岛。

60 年代物理学家预言超重核稳定岛正是基于幻数理论做出的。他们指出,下一个双幻数为质子数 114、中子数 184,这个双幻数核的原子序为 114、质量数为 298,将特别稳定。1983 年联邦德国科学家普特利兹指出,从理论上计算,应当有 8000 种核素,现在仅观察到四分之一,要设法找到另外 6000 种核素。1986 年,理论计算值又推测质子数在 108~111、中子数近似 164 的核相当稳定,这些质子和中子的组合可以形成近百个超重稳定核,在立体坐标图中形成一个离开稳定半岛前端的超重核稳定岛。

虽然寻找超重稳定元素的实验未获成功,但化学家们一直相信,在已知双幻数核铅—208 以后,存在下一个双幻数稳定核是完全可能的。即使超重岛上元素的寿命达不到预言的那么长,也会有一定的相对稳定性。一些科学家认为,重离子合成反应是合成超重元素的一个重要途径,人工合成超重元素是通往超重岛的探索之舟。

核物理学又称原子核物理学,是 20 世纪新建立的一个物理学分支。它研究原子核的结构和变化规律;射线束的产生、探测和分析技术;以及同核能、核技术应用有关的物理问题。它是一门既有深刻理论意义,又有重大实践意义的学科。

一、核物理学的发展历史

1. 初期。1896 年,贝克勒尔发现天然放射性,这是人们第一次观察到的核变化。现在通常就把这一重大发现看成是核物理学的开端。此后的 40 多年,人们主要从事放射性衰变规律和射线性质的研究,并且利用放射性射线对原子核做了初步的探讨,这是核物理发展的初期阶段。

在这一时期,人们为了探测各种射线,鉴别其种类并测定其能量,初步创建了一系列探测方法和测量仪器。大多数的探测原理和方法在以后得到了发展和应用,有些基本设备,如计数器、电离室等,沿用至今。

探测、记录射线并测定其性质,一直是核物理研究和核技术应用的一个中心环节。放射性衰变研究证明了一种元素可以通过衰变而变成另一种元素,推翻了元素不可改变的观点,确立了衰变规律的统计性。统计性是微观世界物质运动的一个重要特点,同经典力学和电磁学规律有原则上的区别。

放射性元素能发射出能量很大的射线,这为探索原子和原子核提供了一种前所未有的武器。1911年,卢瑟福等人利用 α 射线轰击各种原子,观测 α 射线所发生的偏折,从而确立了原子的核结构,提出了原子结构的行星模型,这一成就为原子结构的研究奠定了基础。此后不久,人们便初步弄清了原子的壳层结构和电子的运动规律,建立和发展了描述微观世界物质运动规律的量子力学。

1919年,卢瑟福等又发现用 α 粒子轰击氮核会放出质子,这是首次用人工实现的核蜕变(核反应)。此后用射线轰击原子核来引起核反应的方法逐渐成为研究原子核的主要手段。

在初期的核反应研究中,最主要的成果是1932年中子的发现和1934年人工放射性核素的合成。原子核是由中子和质子组成的,中子的发现为核结构的研究提供了必要的前提。中子不带电荷,不受核电荷的排斥,容易进入原子核而引起核反应。因此,中子核反应成为研究原子核的重要手段。在 30 年代，人们还通过对宇宙线的研究发现了正电子和介子，这些发现是粒子物理学的先河。

20 世纪 20 年代后期，人们已在探讨加速带电粒子的原理。到 30 年代初，静电、直线和回旋等类型的加速器已具雏形，人们在高压倍加器上进行了初步的核反应实验。利用加速器可以获得束流更强、能量更高和种类更多的射线束，从而大大扩展了核反应的研究工作。此后，加速器逐渐成为研究原子核和应用技术的必要设备。

在核物理发展的最初阶段人们就注意到它的可能的应用，并且很快就发现了放射性射线对某些疾病的治疗作用。这是它在当时就受到社会重视的重要原因，直到今天，核医学仍然是核技术应用的一个重要领域。

2. 大发展时期。20 世纪 40 年代前后，核物理进入一个大发展的阶段。1939 年，哈恩和斯特拉斯曼发现了核裂变现象；1942 年，费米建立了第一个链式裂变反应堆，这是人类掌握核能源的开端。

在 30 年代，人们最多只能把质子加速到 100 万电子伏特的数量级，而到 70 年代，人们已能把质子加速到 4000 亿电子伏特，并且可以根据工作需要产生各种能散度特别小、准直度特别高或者流强特别大的束流。

20 世纪 40 年代以来，粒子探测技术也有了很大的发展。半导体探测器的应用大大提高了测定射线能量的分辨率。核电子学和计算技术的飞速发展从根本上改善了获取和处理实验数据的能力,同时也大大扩展了理论计算的范围。所有这一切,开拓了可观测的核现象的范围,提高了观测的精度和理论分析的能力,从而大大促进了核物理研究和核技术的应用。

通过大量的实验和理论研究,人们对原子核的基本结构和变化规律有了较深入的认识。基本弄清了核子(质子和中子的统称)之间的相互作用的各种性质,对稳定核素或寿命较长的放射性核素的基态和低激发态的性质已积累了较系统的实验数据。并通过理论分析,建立了各种适用的模型。

通过核反应,已经人工合成了 17 种原子序数大于 92 的超铀元素和上千种新的放射性核素。这种研究进一步表明,元素仅仅是在一定条件下相对稳定的物质结构单位,并不是永恒不变的。

天体物理的研究表明,核过程是天体演化中起关键作用的过程,核能就是天体能量的主要来源。人们还初步了解到在天体演化过程中各种原子核的形成和演变的过程。在自然界中,各种元素都有一个发展变化的过程,都处于永恒的变化之中。

通过高能和超高能射线束和原子核的相互作用,人们发现了上百种短寿命的粒子,即重子、介子、轻子和各种共振态粒子。庞大的粒子家族的发现,把人们对物质世界的研究推进到一个新的阶段,建立了一门新的学科——粒子物理学,有时也称为高能物理学。各种高能射线束也是研究原子核的新武器,它们能提供某些用其他方法不能获得的关于核结构的知识。

过去,通过对宏观物体的研究,人们知道物质之间有电磁相互作用和万有引力(引力相互作用)两种长程的相互作用;通过对原子核的深入研究,才发现物质之间还有两种短程的相互作用,即强相互作用和弱相互作用。在弱作用下宇称不守恒现象的发现,是对传统的物理学时空观的一次重大突破。研究这四种相互作用的规律和它们之间可能的联系,探索可能存在的靳的相互作用,已成为粒子物理学的一个重要课题。毫无疑问,核物理研究还将在这一方面作出新的重要的贡献。

核物理的发展,不断地为核能装置的设计提供日益精确的数据,从而提高了核能利用的效率和经济指标,并为更大规模的核能利用准备了条件。人工制备的各种同位素的应用已遍及理工农医各部门。新的核技术,如核磁共振、穆斯堡尔谱学、晶体的沟道效应和阻塞效应,以及扰动角关联技术等都迅速得到应用。核技术的广泛应用已成为现代化科学技术的标志之一。

3. 完善和提高时期。20 世纪 70 年代,由于粒子物理逐渐成为一门独立的学科,核物理已不再是研究物质结构的最前沿。核能利用方面也不像过去那样迫切,核物理进入了一个纵深发展和广泛应用的新的更成熟的阶段。

在现阶段,粒子加速技术已有了新的进展。由于重离子加速技术的发展,人们已能有效地加速从氢到铀所有元素的离子,其能量可达到十亿电子伏每核子。这就大大扩充了人们变革原子核的手段,使重离子核物理的研究得到全面发展。

随着高能物理的发展,人们已能建造强束流的中高能加速器。这类加速器不仅能提供直接加速的离子流,还可以提供次级粒子束。这些高能粒子流从另一方面扩充了人们研究原子核的手段,使高能核物理成为富有生气的研究方面。

从核物理基础研究看,主要目标在两个方面:一是通过核现象研究粒子的性质和相互作用,特别是核子间的相互作用;再者是核多体系的运动形态的研究。很明显,核运动形态的研究将在相当长的时期内占据着核物理基础研究的主要部分。

二、核物理学的应用

核物理研究之所以受到人们的重视得到社会的大力支持,是和它具有广泛而重要的应用价值密切相关的。目前,几乎没有一个核物理实验室不再从事核技术的应用研究。有些设备甚至主要从事核技术应用工作。

核技术应用主要为核能源的开发服务,如提供更精确的核数据和探索更有效地利用核能的途径等;另外,同位素的应用是核技术应用最广泛的领域。同位素示踪已应用于各个科学技术领域;同位素药剂应用于某些疾病的诊断或治疗;同位素仪表在各工业部门用作生产自动线监测或质量控制装置。

加速器及同位素辐射源已应用于工业的辐照加工、食品的保藏和医药的消毒、辐照育种、辐照探伤以及放射医疗等方面。为了研究辐射与物质的相互作用以及辐照技术,已经建立了辐射物理、辐射化学等边缘学科以及辐照工艺等技术部门。

由于中子束在物质结构、固体物理。高分子物理等方面的广泛应用,人们建立了专用的高中子通量的反应堆来提供强中子束。中子束也应用于辐照、分析、测井及探矿等方面。中子的生物效应是一个重要的研究方向,快中子治癌已取得一定的疗效。

离子束的应用是越来越受到注意的一个核技术部门。大量的小加速器是为了提供离子束而设计的,离子注入技术是研究半导体物理和制备半导体器件的重要手段。离子束已经广泛地应用于材料科学和固体物理的研究工作。离子束也是用来进行无损、快速、衡量分析的重要手段,特别是质子微米束,可用来对表面进行扫描分析。其精度是其他方法难以比拟的。

在原子核物理学诞生、壮大和巩固的全过程中,通过核技术的应用,核物理和其他学科及生产、医疗、军事等部分建立了广泛的联系,取得了有力的支持;核物理基础研究又为核技术的应用不断开辟新的途径。核基础研究和核技术应用的需要,推进了粒子加速技术和核物理实验技术的发展;而这两门技术的新发展,又有力地促进了核物理的基础和应用研究。